六个方法，解决难题

在高度不确定条件下
解决棘手问题

THE IMPERFECTIONISTS

STRATEGIC MINDSETS FOR
UNCERTAIN TIMES

[澳] 罗伯特·麦克林（Robert McLean）
[美] 查尔斯·康恩（Charles Conn）   /著

刘佳 / 译

中信出版集团 | 北京

图书在版编目（CIP）数据

六个方法，解决难题：在高度不确定条件下解决棘
手问题 /（澳）罗伯特·麦克林，（美）查尔斯·康恩著；
刘佳译 . -- 北京：中信出版社，2024.9
书名原文：The Imperfectionists: Strategic
Mindsets for Uncertain Times
ISBN 978-7-5217-6532-8

Ⅰ. ①六… Ⅱ. ①罗… ②查… ③刘… Ⅲ. ①企业管
理 Ⅳ. ① F272

中国国家版本馆 CIP 数据核字（2024）第 083238 号

The Imperfectionists:Strategic Mindsets for Uncertain Times
By Robert McLean and Charles Conn; ISBN 9781119835660
Copyright © 2023 by Robert McLean and Charles Conn.
All rights reserved.
Authorized translation from the English language edition published by John Wiley & Sons Limited.
Responsibility for the accuracy of the translation rests solely with China CITIC Press Corporation and is not the
responsibility of John Wiley & Sons Limited.
No part of this book may be reproduced in any form without the written permission of the original copyright
holder, John Wiley & Sons Limited.
Copies of this book sold without a Wiley sticker on the cover are unauthorized and illegal.
Simplified Chinese translation copyright © 2024 by CITIC Press Corporation.
All rights reserved.
本书仅限中国大陆地区发行销售

六个方法，解决难题——在高度不确定条件下解决棘手问题
著者： ［澳］罗伯特·麦克林 ［美］查尔斯·康恩
译者： 刘佳
出版发行：中信出版集团股份有限公司
（北京市朝阳区东三环北路 27 号嘉铭中心 邮编 100020）
承印者： 三河市中晟雅豪印务有限公司

开本：787mm×1092mm 1/16 印张：15.5 字数：163 千字
版次：2024 年 9 月第 1 版 印次：2024 年 9 月第 1 次印刷
京权图字：01-2024-2327 书号：ISBN 978-7-5217-6532-8
定价：78.00 元

版权所有·侵权必究
如有印刷、装订问题，本公司负责调换。
服务热线：400-600-8099
投稿邮箱：author@citicpub.com

目录

引言	**成为不完美主义者**	**V**
	背景：巨变和不确定性	VIII
	解决问题的工具包和思维方法	XI
	在不确定情况下解决问题的六个思维方法	XIV
	综合运用六个思维	XXVI

第1章	**对问题的方方面面始终保持好奇心**	**1**
	先有优秀的问题，后有卓越的答案	
	"爸爸，我能看看照片吗？"	3
	了解好奇心	4
	激发好奇心的环境	8
	释放好奇心	9
	产生源源不断的想法	10
	提出大胆的问题	16
	领悟新奇、酝酿以及安全感的重要作用	20
	在你的企业中培养好奇心	23

第2章	**像蜻蜓一样多角度看问题**	**27**
	变换角度或扩大视野，发现新的威胁和机遇	
	用新视角审视惯犯	29

六个方法，解决难题

像蜻蜓一样看世界	31
变换视角	35
扩大视野	41
从多个角度观察问题	45
在你的企业中运用蜻蜓眼思维	51

第3章 关注当下行为，锲而不舍地实验 53

收集新信息，开展实验以检验假设

我们来称一称钞票	55
当下行为与问题解决	56
开展实验，创建新数据	62
探索新工具和新方法	69
利用自然实验	73
在你的企业中关注当下行为	80

第4章 从不同的领域中汲取想法 83

广泛搜寻潜在的解决方案

一个钟表匠，一个奖项，一位国王	85
专家可曾失去光彩？	87
众包专业知识	93
集体智慧	100
与人工智能相结合	103
在你的企业中运用集体智慧	109

第5章　不完美主义 113

拥抱风险，通过试错吸取经验

把赌注押在闪闪发光的金属上 115

拥抱风险的思维方法 117

直面风险 123

转嫁风险 132

在你的企业中运用不完美主义 140

第6章　理性展示，感性讲述 143

用故事驱动行动

巴里·马歇尔放手一搏 145

讲述是解决问题的关键方法之一 148

用图片讲故事 151

利用道具激发好奇心 154

有力的演示 159

迎合价值观 161

在你的企业中运用展示和讲述 163

第7章　结语：任何战略都是一场赌博 169

帕斯卡的赌注 171

了解问题的结构 173

权衡风险 182

预测潜在结果及其概率 184

附录　所有问题，七年解决	189
致谢	193
泽跋	197

引言
成为不完美主义者

如果你是亚马逊的用户，那么你可能已经对亚马逊生鲜（Amazon Fresh）、亚马逊金牌会员（Amazon Prime）、可听（Audible）、美捷步（Zappos）这些品牌耳熟能详。然而，你恐怕没有发现，除了这些核心业务，亚马逊还曾多次试水消费金融领域。比如，亚马逊曾收购移动支付服务公司 TextPayMe，投资提供信用支付服务的公司 Bill Me Later，招聘数字支付平台 GoPayGo 的一个团队，推出远程刷卡支付设备 Amazon Local Register。这些举措甚为低调，资金规模也较小，因此并未引起过多关注。随着 TextPayMe（后来更名为 Amazon Web Pay）2014 年关闭服务，Amazon Local Register 迫于支付工具 Square 的竞争退出市场，Bill Me Later 也被对手贝宝（PayPal）收购，显然，亚马逊在消费金融市场的初次尝试以失败告终。

然而，近年来，亚马逊却在消费金融领域占据了重要地位。在美国，其支付服务全面覆盖各个经济领域，用户使用比例高达 24%，而且正着眼于发展全球性金融服务。亚马逊起初在小规模投资中屡屡败走，看似前途渺茫，最后却取得了大规模成功，它是如何反败为胜的？答案是：亚马逊公司是一个不完美主义者。这是我们在为企业和非营利组织提供服务的几十年中逐渐形成的理念。面对当今尤为变幻莫测的经济环境，我们认为，对于任何组织，无论规模大小，在力求发展的道路上，不完美主义的精神都是必不可少的。

乍听之下，成为不完美主义者似乎称不上一件好事。其实，我们所说的不完美主义，有别于通常的解释，绝不是劝大家接受错误和缺陷。我们真正所指的，是要容忍不确定性，要意识到在充满未知的时代，解决问题者会为追求看似美好的确定性和完美，付出巨大的代价。不完美主义者会选择置自身于风险之中，不断试错，步步为营，逐渐深入事情的本质，而后深思熟虑，在未知的迷雾中稳步前行。不完美主义与18世纪法国哲学家伏尔泰的一句名言可谓同气连枝："至善者，善之敌。"它与日本的美学精神"侘寂"——对缺憾和无常的接纳，也是遥相呼应。

面对挑战，亚马逊从小规模的企业收购着手，招募团队，建立合伙关系，从而打入陌生的消费金融市场。在这个过程中，亚马逊积累了宝贵的能力和资源，从失败中吸取了教训，为日后大规模的商业活动降低了风险。为了开拓这个全新的业务市场，亚马逊虽然坐拥丰厚的家底，却没有直接收购一个消费金融品牌或一家银行，而是选择直面风险，一步一个脚印地打下基础。它采用这种稳扎稳打的策略绝非偶然。从拓展消费金融服务，到开创并引领云计算服务，再到如今探索医疗服务，稳扎稳打是亚马逊一贯的作风。

"亚马逊自成立之初，便笃信要创造一种建设者文化，要做有好奇心的探索者……即使成了专家，也依然保持初心，保持'新

> 鲜'……这种建设者思维使我们在面对高难度的重大机遇时，秉持一个谦逊的信念：创造、落地、再创造、再落地、重启、清除，不断循环往复，一步步走向成功。我们深知，成功之路必是曲折蜿蜒的。"
>
> ——亚马逊 2015 年年报

当前，后疫情时代风云诡谲，许多企业草率应战，不惜进行"瞻前不顾后"的收购（想一想电影《虎豹小霸王》中罗伯特·雷德福和保罗·纽曼在悬崖边的纵身一跃）。埃隆·马斯克收购推特似乎就是如此。2008 年，美国银行以 400 亿美元收购次级贷款机构美国康特里怀特金融公司（Countrywide Financial），却很快在法律和金融两方面遭受双重灾难，这家头部银行因此亏损了 510 亿美元。此例很好地说明了冲动收购的风险。

另一些企业则屈服于对风险的厌恶，陷入瘫痪状态。这种错误的做法比逞强斗勇的收购悲剧更常见。一直以来都有为数不少的企业管理层被"等一等，再看看"的思维框住，在一波波全球经济震荡中没有及时采取措施，被汹涌莫测的巨浪淹没。你还记得傲视群雄的视频租赁服务供应商百视达（Blockbuster）吗？2004 年，这家公司拥有 9 000 余家门店，员工超过 84 000 人。面对数字订阅服务的兴起，百视达没有像网飞（Netflix）一样紧跟潮流，最终于 2010 年申请破产。当颠覆风险袭来时，你无处躲藏。

与上述两种代价颇高的极端思维相对的，便是不完美主义。在"孤注一掷"的美国银行与"按兵不动"的百视达之间，不完美主义者进退有度，凭借一系列的战略思维和问题解决工具，掌控不确定性。本书旨在帮助企业领袖和非营利组织的领导者了解不完美主义者的战略思维，在充满不确定性的时代，以更加自信的心态和更富有创造性的方式解决问题。有人畏惧不前，有人草率出击，希望你是那个成功者。

这是一本关于在不确定条件下如何解决问题的书，更是一本关于战略的书。虽然根据企业目标以及对结构性市场和竞争对手的认识，制定高层次战略不失为合理之举，但是我们认为，大多数的商业战略是不切实际的。市场形势瞬息万变，颠覆行业的新进入者层出不穷，在确定的条件下诞生的规划可能会缺乏实用性。企业需要成为睿智的不完美主义者，容忍不确定性，权衡利弊，不断尝试，勇于冒险，切忌纸上谈兵。不完美主义，是一种行动的战略。

背景：巨变和不确定性

回顾整个人类历史，直至 20 世纪之前，大部分人的生活鲜有变化。几乎每个人生下来便开始经历与父母同样的人生，以务农为主。由于人们害怕饥荒，创新和生产力发展之缓慢令人难以置信。我们的祖先肯定也遇到过风险和不确定因素，但无外乎饥饿、疾病和战争这几种问题。

直至近 100 年，一切都变了。现在，我们对祖辈的生活几乎毫无概念，对于比祖辈生活的年代更久远的生活则更加陌生。贫困、疾病和冲突仍然是世界上许多人面临的不确定因素，但是在当今这个时代，从社交媒体到核聚变，从人工智能到量子计算，不确定性的表现形式更加纷繁复杂。在很大程度上，不少创新发明发挥了积极作用。有谁能想到残疾人可以用意念来操控物体？又有谁能想到新型冠状病毒疫苗可以在不到一年的时间里研制成功？还有一些创新产物可以减少人类繁重的工作，提高工作环境的安全性。但毋庸置疑的是，在多数情况下，传统岗位遭受了强劲冲击，我们曾经熟悉的一些机构也遭遇了巨大变革。

新知识和新沟通方式的诞生速度迅猛增长（如图I.1所示）。[1]自2010年以来，新产生的信息数量超过了此前人类历史中信息量的总和。想一想这意味着什么。即使是最厉害的天才也不可能驾驭这一浪潮。即使是当代的牛顿、培根、卢梭这样博学多才的人物，也不可能超越这些新知识及其带给企业和人类生活的影响。

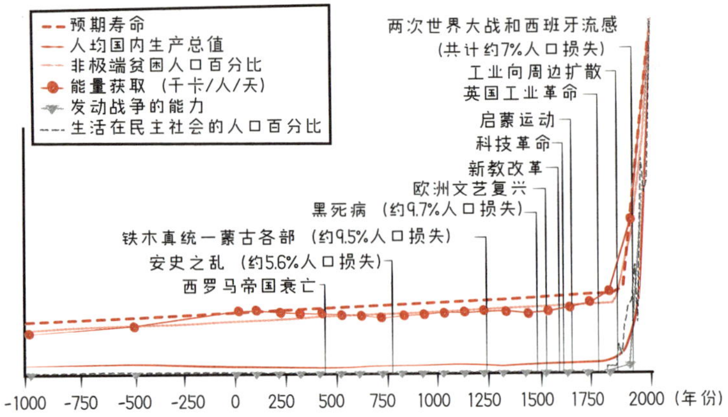

图 I.1 变革和不确定性不断加剧
资料来源：LUKE MUEHLHAUSER.

六个方法，解决难题

　　人工智能、自动化、可编程生物学、机器人及其他技术正在重塑各行各业。革新的节奏正以前所未有的速度搅动着市场，经常有新进入者空降头部行列。目前道琼斯指数涵盖的公司，在1885年该指数创立时无一存在。1958年，标准普尔500指数涵盖的公司平均寿命是61年，现在则是18年。

　　巨头企业涉足多个行业，业务覆盖多个地区，其中不少诞生于赢者通吃的网络经济。这些企业规模庞大，以至监管机构几乎无法指导和管理它们。企业的扩张速度和投资规模令人瞠目结舌。让我们看一看近几年互联网媒体赢家实现100亿美元销售额的速度（见图I.2）。从图中我们可以看到，初创企业的收入增长速度越来越快。[2]

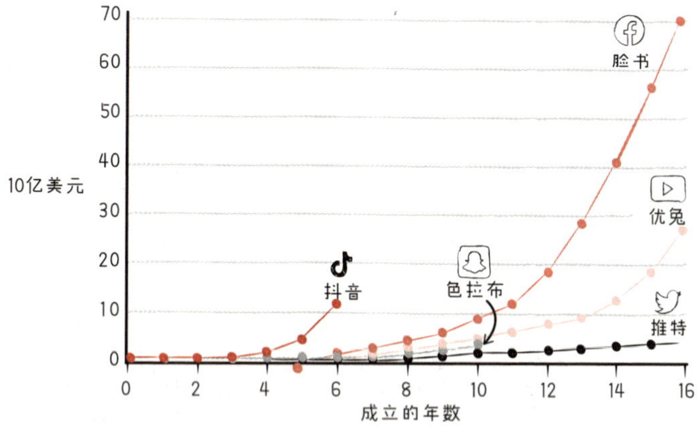

图I.2　互联网初创企业的收入曲线
资料来源：CHARTR.

　　不容忽视的是，这些革新技术不仅消耗财务成本，甚至消灭了当今许多工作岗位，而且不只局限于体力工作。软件和人工智能的出现，使法律、银行、医药、牙医、编程这些曾经安全的职业领域不再安全，甚至使每个人都受到了影响。正如马克·安德森的著名言论，"软件正在蚕食这个世界"，而现在，人工智能正在蚕食软件编程工作。当然，新技术也催生了新职业。只不过，这些新职业通常在本质上更加不稳定，更加前途未卜。在本书中，我们将揭示不完美主义及其相关的思维方法如何赋予竞聘新工作的个人能力优势。

大多数新职业在 10 年前尚未存在，其中有许多在 10 年后也将不复存在。我们不再像祖辈那样，干一行就是一辈子。在这个日趋复杂的世界里，我们供职的企业和我们自己要如何保持竞争力？要想成功，我们应该如何制定战略？我们如何才能成为富有创造力的颠覆者，而非被颠覆的出局者？

解决问题的工具包和思维方法

有一件事，人类可以胜过人工智能，那就是团结起来，创造性地解决问题。值得庆幸的是，这个优势应该会保持一段时间。目前，大多数的机器学习和人工智能仍然限于复杂模式识别，尚且不能创造性地或通过真正意义上的生成式方法解决问题。模式识别或许有助于设计出出其不意的国际象棋或围棋招数，但是，棋类游戏除对手下一步的走法外，很少涉及甚至不涉及其他不确定的情况。就目前而言，人类在创造力方面仍具备优势。没有人能够预测未来，但是你如果拥有解决问题的工具包，以及与其相辅相成的强大战略思维，就可以为迎接未来做好准备。

我们的第一本书《所有问题，七步解决——解决一切复杂问题的简单方法》，展示了结构化的七步问题解决法（七步问题解决法的简介，参见附录）。我们的这本新书，将展示不完美主义及其相关思维如何在这个纷繁复杂的新时代，赋予个人和企业更大的优势。从逻辑上讲，解决问题的思维方法先于你要使用的工具包；从根本上讲，思维也更加重要。成功主要取决于你如何看待未来，如何收集和处理信息，为行动提供判断依据。简而言之，运用不完美主义思维可以创造用传统思维无法创造的机会。

自 20 世纪 30 年代以来，人们一直在使用思维一词。心理学家卡罗尔·德韦克对这个概念展开了持续的研究。她将思维分为成长型和固定型，这很有启发性。不过，经过过去 30 年对问题解决方法的探索，我们发现，除了可以从简单的辩证角度分析思维方法，还可以从超级问题解决者的角度总结出另一套思维方法。

关于思维方法，大多数词典都将其定义为一种精神态度或倾向，尤其是习惯性的心态或倾向。针对思维方法，我们给出的基础定义是：

思维方法是一种根据未来的情况聚焦新信息的倾向，它可以为行动提供有利的观察点。

在我们的定义中，思维方法是一种使源自未知的风险可控的思考方式，它可以推动我们采取行动，走向成功。思维方法有别于积极心态或主观期许，其作用在于鼓励人们面向未来，推动达成更好的结果。与这种思维方法形成鲜明对比的，是众多教育机构仍在传输的大量陈旧信息，它们假设我们依然像祖辈那样，只干一行，一干就是40多年；它们不认为我们将从事不同行业的不同职业。对于未来的就业，最好的训练就是学会用创造性的工具和思维方法解决问题。

关于在复杂环境中解决问题，我们已经有了约30年的实战经验。我们起初在麦肯锡咨询公司工作，帮助企业和非营利组织解决问题。之后，作为企业家和顾问，我们曾帮助初创公司解决问题。后来，作为基金会和非政府组织的董事会成员，包括大自然保护协会（TNC）的区域理事会成员，我们曾帮助解决大规模的环境和社会问题。在过去10年中，我们与牛津大学和悉尼大学的团队合作，就成功解决问题的机制和思维方法展开了专项研究。

我们在本书中探索和阐述的六个思维方法，很像已经携手走过漫漫长路的几家老企业，只是一直没有获得响亮的名声。直到新冠病毒感染疫情暴发，大多数企业因面临不确定性而举步维艰，我们才充分认识到在这个极端不确定性日益加剧的时代，本书中六个思维方法的价值所在。一直以来，我们见识过不少解决问题的精彩案例，有些案例令人惊叹不已。例如，自学成才的木匠约翰·哈里森解决了经度问题，数学家托马斯·贝叶斯发现了可以用于应对不确定事件的条件概率的作用。

我们将本书编写为一本实用指南，旨在帮助大家理解和评估风险，进而拥抱风险，勇敢且富有创造性地攻克难题。简而言之，本书就是帮助你充分发挥不完美主义的力量——成为一名不完美主义者。

在不确定情况下解决问题的六个思维方法

我们在前文中已经介绍了不完美主义，我们认为，它在六个思维方法中对于理解和迈向不确定性具有关键意义。不完美主义也对拥抱风险的六个思维方法起到了统领作用。在六个思维方法中，如"对问题的方方面面始终保持好奇心"等思维方法比较为人所熟知，而像"关注当下行为，锲而不舍地实验"等思维方法则相对鲜为人知。不过总体而言，将六个思维方法融会贯通，可以使人在不确定性的茫茫大海中找到方向，走出由确定性、专家知识、历史数据以及金字塔结构式演讲构成的舒适区（其中大部分内容都是我们在大学或职业生涯早期习得的）。

没错，我们正是在告诉你：在瞬息万变的时代，应该保持好奇心，拥抱风险，而非逃避风险；不要完全相信专家，要考虑自己尝试；应该思考如何从截然不同的领域汲取想法；要通过丰富的视觉化讲述方式，向同事演示你所找到的正确的解决方案，不仅要追求逻辑认同，更要追求价值观的共鸣。

大多数企业和非营利组织仍然对不确定性视若无睹——在编写预算和战略文件时，要么忽略意外事件可能引发的动荡，要么有意只关注普通的有利和不利条件，将重点放在基本情况上。而企业的异常表现包括，因不确定性而止步不前，固执地坚持一切如常，等待永远不会出现的确定性。在这两种情况中，企业都没有准备好迎接具有颠覆力量的新兴企业以及新的竞争者。沃伦·巴菲特告诉我们，要在别人贪婪时恐惧，在别人恐惧时贪婪。然而，大多数人选择随波逐流，直到最后被勇于逆流而上的胜者淘汰。

通过梳理我们对几百种问题的研究，我们总结出了帮助你不被淘汰的六个思维方法（如图 I.3 所示）。下面逐一进行介绍。

图 I.3　在不确定情况下解决问题的六个思维方法

对问题的方方面面始终保持好奇心

孩子还在了解这个世界的运转方式，所以不停地追问"为什么"。遗憾的是，随着我们渐渐长大，知道了如何系鞋带这样的基本问题，我们便不再拥有好奇心。小时候，我们是模式的探索者，而当我们随着年龄的增长越来越确定地知道很多问题的答案时，我们变成了模式的应用者。识别模式在许多情况下颇为实用（例如，司机在发现前方有转弯时，就知道要减速），但是在高度不确定的情况下，却会带来毁灭性的后果。为什么？因为当情况急剧变化时，我们时常会搞错模式。

举个例子，我们假设有一个迄今为止百试百灵的战略，未来将继续奏效。20世纪90年代，查尔斯（本书作者之一）运营了一家提供线上城市指南服务的初创公司——城市搜索（Citysearch）。这家公司与称霸一个世纪之久的纸媒对抗，同时顶住了广播和电视的冲击。面对互联网的兴起，它相信自己可以继续坚挺下去。公司的运营者们熟知媒体竞争的基本操作：笼络优秀的作者，创作优秀的内容，建立读者群，垄断本地的广告宣传。然而，事实上，本地媒体竞争的基本操作正在发生变化，而且变化得很快。

互联网能够让用户自行生产内容，互相分享，其内容的多样性和创造性是纸媒永远不可能匹敌的。更糟糕的是，由于互联网的高级搜索和匹配功能，汽车、求职、房产、征友等实用性分类广告在互联网上可以取得更好的效果。纸媒可以生产出色的内容，并且拥有丰富的广告特许经营权。倘若纸媒能够对互联网和本地媒体策略的变化趋势多一些兴趣，它们或许能够在新时代更有竞争力。总体而言，纸媒没能做到。读者人数逐渐减少，广告收入不断下降，编辑人员被大批裁撤，这进而导致纸媒的经济情况螺旋式下跌。现在，只有少数纸媒仍保持着活力。

在充满不确定性的时代解决问题，拥有好奇心是一项基本素质。管理人员必须在相当长的一段时间内克制住模式识别的自然反应，从全新的视角审视各种不断迭代的挑战，特别是当不确定性不只局限于已知的几种模式（如下雨或不下雨），而是受到前所未有的新事件的影响时。擅于解决问题的人会试图填补已知与未知之间的空白，他们的好奇心会使不确定性降低。这可能会让一些读者觉得不可思议。尤其是在面对未知的情况时，抑制好奇心，安于已知的现状，难道不是更好的做法吗？根据我们的经验，如此行事多半会在变革面前完败。

像蜻蜓一样多角度看问题

在这个危机四伏的世界，想要存活下去就必须快速做出决定，这使我们的大脑进化出强行采用已有模式的惯性。比如，听到叶子沙沙作响，大脑就会迅速识别模式（有捕食者，快跑）。但是，400万年前的危险只有几种。随着科技巨变，现在危险的形式可谓千变万化。在这种新形势下，尝试从几种不同的角度看待每一个问题，避免"一视同仁"地按照常规方法处理问题，意义非凡。

我们将这种思维方式称作"蜻蜓眼"。我们最早是从菲利普·泰洛克与丹·加德纳合著的一本有关超级预测者的著作中了解到这个说法的。蜻蜓长有巨大的复眼，其复眼由数量庞大的小眼面组成，可以感受到不同波长的光线。对于蜻蜓这种昆虫的大脑如何处理所有这些视觉信息，我们没有确切的了解。但是，我们可以确定的是，它们的眼睛收集到的信息比人类多得多，它们可以捕捉到我们看不到的色彩和运动。优秀的问题解决者就像蜻蜓一样，在面对不确定的新信息时，为了理解问题会尝试从多个不同的角度进行观察。他们会由近及远地观察，或是调整视野的范围，确保自己可以看到问题的真实情况，而不是套用老办法或只解决表面问题。

让我们以 Peloton 公司为例，这是查尔斯在城市搜索的前同事约翰·弗利创办的一家家庭健身公司。在后疫情时代，该公司不可避免地经历了增长剧痛。但是，通过采用与众不同的全新视角审视家庭健身市场，弗利获得了独特的见解，发展了一项独树一帜的业务，让人眼前一亮。以往，大多数家庭健身设备公司主打的都是将户外健身搬进室内，比如将自行车固定在车架上，或是用跑步机模拟户外跑步。弗利的看法截然不同。他意识到，对于家庭健身，人们追求的不单单是户外健身时的动作，还有健身课程中在教练的激励下形成的社交氛围。在弗利之前，从来没有人从这个角度解读家庭健身。他首创通过流媒体远程参与健身课程的形式。Peloton 在疫情期间估值曾一度达到了 500 亿美元。

肥胖率升高一直是我们感兴趣的问题，也是许多国家面临的重大健康危机，具备抗解问题（各种因果关系构成的复杂问题）的全部特点。对于一部分人而言，肥胖的成因并不复杂：摄入了过多的热量，消耗得却过少。肥胖问题催生了一些公共健康干预措施，如迈克尔·布隆伯格在任职纽约市长期间出台了禁止出售大杯含糖软饮的规定。我们了解到，这类干预措施并未奏效。于是，我们在几年前与一群来自牛津大学的学生合作，针对多个城市展开多元回归分析，探索研究肥胖问题的不同角度。这项研究证实了社会科学家一段时间以来的猜想：收入及其他社会因素对肥胖具有重大影响。此后，由澳大利亚的保罗·拉姆齐基金会赞助的一支多元团队开展了贝叶斯分析，结果表明，对肥胖影响最大的几个决定性因素均与社会处境不利有关，尤其是母亲的受教育水平低。根据该视角下的研究成果，当前公共政策面临的挑战实际上是要延长低收入女性在学校接受教育的时间。

这种思维方法的重点在于突破惯性，突破我们的大脑总是试图将我们的认知和固有模式整合在一起的习惯。通过变换角度或扩大视野，我们能够发现常规视界之外的威胁或机遇。

关注当下行为，锲而不舍地实验

当下行为这个说法有些奇怪，不过我们喜欢这么说。当下行为的意思是，此时此地真实发生的事情，而不是那些我们期待发生或预测要发生的事情。优秀的问题解决者会抛开常规的历史信息，探索能否发现有关某个问题的新证据。有时候，他们会通过开展实验来检验一些假设。如果没有条件，他们会尝试寻找自然实验。我们如果不收集新信息，就会像加拿大媒介理论家马歇尔·麦克卢汉所言，只盯着后视镜看现在，倒退着走向未来。

互联网使许多企业更容易进行这种直接的当下实验。现在，A/B 测试是在任何新产品上市或推广时进行评估的标准方法。将线上用户分为两个或多个具有相似特征的小组，再将新产品或推广活动的不同版本放在各个小组中测试，最后从每个小组的反馈中总结经验。Airtasker 是澳大利亚一家提供线上零工兼职服务的公司，网络用户可以通过该平台将一些日常工作外包。该公司在正式实行收取预订费政策之前测试了 5 个版本，政策一经实行便给公司带来了巨额利润。6 个月后，Airtasker 又进行了一轮提高预订费的测试，随即发现存在明显的价格 / 数量阈值（公司的利润下降了！），最终确认继续使用最初的预订费版本。

在实体产品的市场中，进行这种测试固然难度更大、成本更高，但它是可行的，并且通常是有价值的。比如，美国户外品牌巴塔哥尼亚（Patagonia）在推出新产品前会与专业运动员合作，收集产品数据，对产品进行修改和完善。该公司曾通过采取这种方式，在新一代山地自行车短裤上市前对其进行了重大修改。有些时候，巴塔哥尼亚公司会先在某个小型市场发布一件产品，收集更多的数据，再将该产品推广到其他市场。聪明的公司在做出高成本且不可逆的决策前，都会分析大量的新数据。

但有些时候，新测试无法展开，因为这种测试对某一个对照组来说违背了道德标准。在这种情况下，优秀的问题解决者会尝试寻找自然实验，在自然实验中，相似的小组基于其他原因也会实行不同的解决方案。比如，这些小组来自两个双子城或相似的国家，但分属不同的政府管理。在新冠感染疫情期间，由于不同的替代药物、治疗方案以及疫情管控措施，产生了大量的自然实验。例如，瑞典和挪威两国毗邻，拥有相似的人口统计特征，但是由于实行了不同的疫情管控政策，死亡率相差悬殊。

这种思维方法以 18 世纪的统计学家托马斯·贝叶斯的观点为思想基础，其最大的特点是通过刻意试错，不断实验，来得出新信息，更新先前的理解。许多企业都欠缺这种思维，大多时候是因为管理层担心变更战略会显得他们缺乏判断力。

从不同的领域中汲取想法

太阳微系统公司（Sun Microsystems）的创始人之一比尔·乔伊曾发现，最聪明的人通常都在为别人工作。对此，他的解决方案是找到使这些聪明人"在他的花园耕作"的方法。开源软件开发就是这样一种方法，巧妙地使最聪明的那些人一起研究一个问题，该方法也是 Unix 操作系统开发的核心。Unix 操作系统及其核心编程架构对软件开发产生了深远的影响。

具备这种思维方法的人认为，能为企业解决问题的最佳人选不可能只存在于企业内部。通常，企业会聘用一名或多名专家，从表面上看，这是一个合理的解决方案。专家咨询模式是我们比较熟悉的一种方式。在 20 世纪 60 年代至 80 年代，对于拥有相对稳定的参与者及核心技术的行业，如大型钢铁业、矿业以及其他一些传统行业来说，采用专家咨询模式较为合理。对于这些行业，通过向帮助其他企业实现成本缩减或提高资本投资效率的专家寻求指导，来提高绩效，是相对直接的做法。

然而，如今，在包括重工业在内的几乎所有领域，随着科技变革加速，新进入者给行业带来了颠覆力量，专家咨询模式不再适用。早在 1968 年，纽柯钢铁（Nucor Steel）就凭借以废旧钢铁为原料的新型电弧炉，在美国钢铁行业一骑绝尘。一些老牌企业严重依赖仅具备钢铁行业知识的专家，最终的结局只能是失败。

现在，聪明的企业会探索更多的可能性，广纳具备不同技能的人才，即使从未涉足其行业的人才也在他们的考虑范围内。例如，大自然保护协会通过 Kaggle（面向开发商和数据科学家的在线平台，主要用于举办机器学习竞赛、托管数据库、分享代码等）来寻找能识别渔船的渔获物种类和数量的机器学习算法。大自然保护协会准备了 15 万美元作为对提出最佳解决方案的团队的奖励，吸引了全球 2 293 支团队提交方案。最后胜出的算法现在被大自然保护协会用于保护濒危的太平洋鲔鱼及其他物种。

有时候，我们需要追溯历史，才能前往未来。气候变化使许多国家面临着前所未有的消防管理挑战。资源机构的官员正在从土著人口的传统知识中汲取经验，因为远在现代防护技术出现前，已有千千万万代的土著居民与火共存，并且想出了利用火资源的办法。这种长期以来被忽视的先人的集体智慧，如今正在使许多拥有热带和亚热带大草原的国家改变惯常的做法。

从不同的领域中汲取想法的思维方法与像蜻蜓一样多角度看问题的思维方法紧密相连。这种思维方法促使我们在快速变化的问题面前，在公司以外更广泛的范围中寻找创造性的解决方案。

不完美主义

当我们想到优秀的问题解决者时，许多人会勾勒出一个充满智慧的工程师形象，这是一个胸有成竹的谋略大师，他知道自己在做什么，可以稳、准、狠地应对挑战。然而，事实是，要想在充满不确定性的情况下成功地解决问题，我们需要通过试错评估概率——比起线性规划，这更像是橄榄球中的不规则传球。

亚马逊开拓消费金融服务便采取了步步为营的战略。问题解决者经验丰富，竭尽所能了解消费金融的行业结构和竞争动态，制定初步战略，而后采取小规模举措，逐步分析行业特点。他们或是通过积累经验，或是通过招聘竞争对手的团队，来进行能力储备。他们会在这一过程中充实知识财产及其他商业资产，为更大规模的行动积累实力。在风险管理方面，问题解决者会进行对冲操作，并在可能的情况下进行风险转移。这些问题解决者可以接受部分活动以失败告终。失败没有问题，前提是失败的成本是合理的，后果是可逆的，并且从失败中可以吸取经验教训。

多年前，我们便开始探索这种不完美主义思维。例如，观察强生公司如何通过采取一系列小规模行动建构知识和技能，从而巧妙地进入高利润的隐形眼镜市场。我们最终总结出了增长阶梯，它是可供企业或非营利组织预先规划战略步骤的一个框架。

"要实现一个新想法或新项目，有多种科学的方式。如果你选择传统的科学路线，那么首先要在头脑中或案头对问题进行分析研究，直至确定万无一失。然而，这个过程太耗时，在你完成时，竞争对手

> 可能已经捷足先登了。创业的方法则是立即向前一步，如果效果不错，再迈一步；如果效果不好，则向后退一步。在行动中学习，这个过程会更快。"
>
> ——伊冯·乔伊纳德，巴塔哥尼亚创始人

　　不完美主义者努力在混沌的前景中勾勒出一条路线，同时与"孤注一掷"式收购的冲动对抗，因为这种收购反而会破坏价值，但他们也不会被不确定性捆住手脚。我们的朋友，也是我们的前同事，蒂姆·科勒和丹·洛瓦洛已经通过一系列对真实情况的模拟揭示出，成熟企业中的中层管理者不愿意投资那些风险较高，但潜在回报也较大的项目。这类企业所在的市场已经相当成熟，加之这是一个资本充盈的时代，颠覆势必出现。20 世纪 40 年代，经济学家约瑟夫·熊彼特发表了他的真知灼见，提出"创造性破坏"是资本主义的本质性事实。如今，情况变化得更加迅速。

　　你会发现，不完美主义者在谈到不利条件的时候很从容，他们认为通过吸取经验或者将风险转移，情况可以得到改善。试错使他们愈挫愈勇。他们欣然接受"认知谦卑"的观点，明白我们对世界的理解是有限的，知识是不断发展和变化的。在本书的各个章节中，我们将看到，不完美主义者如何利用其他几种思维方法获取指引他们行动的新视角和新信息。

理性展示，感性讲述

　　我们在开始讨论思维方法时提到了孩童与好奇心，现在讲到"展示和讲述"这种思维，让我们再次聊一聊孩童。你肯定记得，

小时候的你比现在更有好奇心，你在读小学的时候就会做展示和讲述。小学的展示和讲述多半与解决问题无关，但是根据我们的经验，这项活动多半可以为创造性思维提供重要助力。你可以通过展示和讲述，使你的听众与问题产生连接，再结合逻辑和说服得到结果。

事实和数据具有强大的魔力。借助由新闻从业者发展出的逻辑严密的金字塔结构（芭芭拉·明托在《金字塔原理》一书中对这一结构进行了总结），展示事实和数据，可以帮助听众理解艰巨问题解决策略背后的智慧。但是在互联网时代，新信息如雨后春笋，层出不穷，人们感到无所适从。政客们以信息为武器，这导致大家都不知道哪些消息或论辩是可信的。犬儒主义日益盛行，甚至在非政府组织内部也是如此。

缺乏经验的问题解决者会展示他们的分析过程和计算过程，希望让人相信他们的智慧，有人称这一行为为急切展示知识综合征。诺贝尔经济学奖获得者赫伯特·西蒙发现，经验丰富的问题解决者反而会以另一种更加简约的方式展示问题，"从而使解决方案一目了然"。正所谓"一图胜千言"，个中原因在于：人类是视觉学习者。

优秀的问题解决者都是会讲故事的人，他们清楚地知道行动源于发现，发现会引发变革。他们以视觉化的形式呈现从问题走向答案的逻辑，从而使听众可以从感性的角度理解、讨论并最终接受他们的方案。他们从理性和感性两个层面阐述案例，与听众的价值观产生连接，展示出他们所选择的行动方案达到了风险与收获的理想平衡。正如我们从乔纳森·海特关于价值观与分歧的著作中看到的，框架战胜了事实。

你的企业是否践行了六个思维方法？

观察对照面或对立面，可以更好地理解本书所讲的六个思维方法。如果你的企业符合图 I.4 右栏中的一项或多项描述，那么你应该有所警觉。

解决问题的六个思维方法	六个思维方法的对立面
对问题的方方面面始终保持好奇心	思想封闭
像蜻蜓一样多角度看问题	视角单一
关注当下行为，锲而不舍地实验	依赖过去的信息和模式
从不同的领域中汲取想法	坚信最聪明的人在企业内部
不完美主义	追求确定和完美
理性展示，感性讲述	只会讲事实，搬逻辑

图 I.4　六个思维方法及其对立面

综合运用六个思维

在未知的环境中使用单一思维方法解决问题的人都会面临一个共同的敌人，我们一贯的模式化思维有时很容易让人误入歧途。在瞬息万变的时代，解决问题的正途是放慢脚步，观察新环境的本质。首先，要拿出好奇心，探究原因。其次，要从多个角度探查，尝试多种备选的框架。接下来，通过开展新实验，而不是依赖专家或过时的结构化信息，探索关于新世界的新信息。如果需要强化新信息，要跳出明显的业内范畴，在更广泛的领域搜寻潜在的解决方案。提出疑问，结构化地获取观点，生成新信息，形成务实的行动计划，在未知中逐步摸索，一点点积累，扩大能力和资源，从成功和失败中吸取经验和教训——这就是不完美主义。不要等到一切确定才行动。最后，讲求策略地巧妙解决问题不能只靠讲事实、搬逻辑，还要用视觉化的讲述赢得众人的支持。

在高度不确定的风险环境中解决棘手问题，这六个战略性思维方法可以帮助你克服人性中固有的决策偏差，为制定制胜战略提供充分的信息。我们每个人都置身于这个飞速变化的世界，做一名不完美主义者将使你和你的企业拥有关键的优势。

第 1 章

对问题的方方面面
始终保持好奇心

先有优秀的问题，后有卓越的答案

"爸爸，我能看看照片吗？"

埃德温·兰德是一位杰出的科学家。他先是发明了宝丽来太阳镜和摄影滤光片，后来研发的前沿技术被应用在二战当中。兰德最著名的一项发明是拍立得，灵感来自他三岁的小女儿提出的一个简单的要求。

1943年，兰德和他的小女儿詹妮弗在美国新墨西哥州的圣菲市度假。父女俩穿梭于圣菲的大街小巷，一路拿着相机拍照。那一年，距离智能手机、数码相机，甚至第一个"Fotomat"冲洗照片便利亭的问世尚有几十年之久；那一年，游客们拍摄的照片还需要几天甚至几周的时间才能冲洗出来。虽然人们无法立刻看到自己拍照的时候有没有闭眼或皱眉，但对于大多数消费者来说，能将一瞬间凝固在一张薄薄的相纸上已足够神奇，不能立即看到照片只是一件小事。但是，兰德的女儿不这么想，她太想知道照片拍得怎么样了。

"爸爸，我能看看照片吗？"在兰德用食指按下他那台 1941 年的柯达相机的快门后，詹妮弗问道。小詹妮弗还不知道，她促成了 20 世纪最伟大的发明之一。兰德顿时被即时成像这个概念迷住了，他漫步了很久，进行了认真的思考。后来，兰德回忆道：

我一边围着那个美丽的小城走着，一边思考着如何解决女儿给我出的难题。在那一个小时中，照相机、胶片和物理化学在我的头脑中逐渐清晰，令我兴奋不已。当时，我们公司的专利律师唐纳德·布朗恰巧也在圣菲，我便赶忙跑到他住的地方，向他详细地描述了一台干式相机如何在曝光后立即产生一张图像。[1]

于是，兰德着手研发该公司的首台拍立得，即 1948 年问世的宝丽来 95。宝丽来相机在市场上取得了重大成功。

始终保持好奇心是我们在充满未知的情况下解决问题的首要思维方法，并且在很大程度上，也是最根本的思维方法。像兰德这样的发明家，如果缺失了好奇心，就会缺乏想象力，其创造力也会大打折扣。喜欢突破传统、探寻答案的人，最大的特点就是会不自觉地发问："为什么是这样？"在动荡不安的时代，尤其如此。

了解好奇心

诺贝尔生理学或医学奖得主巴里·马歇尔有一段有关好奇心

第 1 章　对问题的方方面面始终保持好奇心

的个人经历。13 岁那年，他和兄弟比尔在《纽恩斯大众百科全书》（*Newnes Popular Encyclopedia*）中读到了一个用气球做的实验。耐不住探索的好奇心，兄弟二人尝试复制这个实验。

我们拿了一个 4 加仑①容量的空煤油桶，在上面焊了几个接口。然后，我们向桶中注满家用燃气（丙烷），接着把一个气球与桶的顶部相连，把一根水管与桶的底部相连，将桶内的气体导入气球中，这样就得到了一个比空气轻的气球。（我们那个时候搞不到氢气。）然而，桶中的空气其实并没有全部排出，我们实际上使丙烷与空气混合在了一起，这种混合物极其易燃。这是父亲告诉我们的，为了演示，他用香烟触碰了气球。他的眉毛立刻被火球烧没了！过了好几个星期才长出来。[2]

尽管我们在亲身经历时都知道好奇心是什么，但是我们很难去定义好奇心。心理学家经过几十年的研究，终于给出了一个答案。他们认为，好奇心是人们填补已知与未知之间的空白的欲望。心理学家乔治·罗文斯坦称，产生好奇心就像进入了"驱力状态"。[3]虽然这个说法不为人所了解，但是人们都对这种状态很熟悉。比如，在你想进食的时候，你就进入了驱力状态。

对于擅于解决问题的人来说，在试图填补已知与未知之间的空白时，他们的求知欲会降低问题的不确定性。一些读者可能会

———————

①　1 加仑（英）= 4.546 09 升。——编者注

5

觉得这样不可思议。尤其是在面对不确定的情况时，抑制好奇心并安于已知的现状，难道不是更好的做法吗？好奇心与不确定性有什么联系呢？事实证明，二者关系密切。

儿童、好奇心和不确定性

研究显示，好奇心是所有婴幼儿天生具备的特质。婴幼儿充满了好奇心，从几个月大到四五岁这段时期，他们的好奇心会越来越强烈。他们要探索自己所处的世界，了解这个世界是如何运转的，对此形成一系列的理论，并会自己去验证这些理论。[4] 他们一开始是通过听觉和嗅觉感知世界的，渐渐可以依靠视觉和触觉，接着会用嘴巴探索这个世界。这些过程通常是在父母和看护者的帮助下进行的。2~5 岁的孩子永远在问为什么，永远在验证他们学到的东西，永远在探索他们好奇的一切。我们总喜欢用"孩童般的"好奇心这一表达。有些 4 岁的孩子每天要问200~300 个问题。难怪疼爱孩子的父母会筋疲力尽。对 5~12 岁的孩子而言，随着每天发生的事情变得越来越平常，而发展成形的模式（他们得出的答案）变得越来越多，他们的好奇心会迅速变弱。

儿童心理研究人员已经明确指出，中等水平的不确定性，即确定性既不过低也不过高的"甜蜜点"，与婴儿的好奇心密切相关。确定性太高或太低的事物，都会使婴儿期的孩子丧失兴趣。因为确定性太高他们会觉得没有意思，确定性太低他们又会感到刺激太强烈或感到恐惧。[5] 这一研究结论与我们对问题解决者的观察不谋而合。当某件事情足够确定，或未来的某件事情尤为不确定时（比如地球是否会遭到陨石撞击），好奇心并无多大的必要。然而，一旦不确定的程度达到中间水平，人们就会有想要解决问题的劲头。这时，出色的问题解决者可以在合理的成功预期下攻克问题（如图1.1所示）。[6]

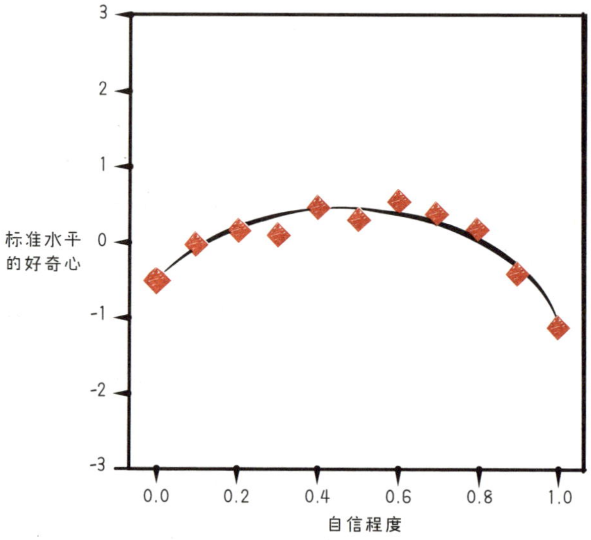

图 1.1　好奇心与自信

儿童的好奇心与其所处的环境息息相关。"安全和熟悉的环境可以增强孩子的好奇心。跟着熟悉的老师去动物园游玩，孩子就会有安全感，表现活跃，也会充满好奇，提出很多问题。"学术研究者布鲁斯·佩里博士指出。[7]相反，如果是和一个陌生的老师去动物园，孩子可能就会感到紧张、害怕，并因此一言不发。当然，对于如何构建可以激发好奇心的内部文化，企业和非营利组织也可以从这个例子中获得启发。

激发好奇心的环境

好奇心是创造力的强大助推器。华特·迪士尼以自己的名字创立了华特迪士尼公司，在他看来，好奇心是迪士尼公司进化发展的幕后助推器。[8]但是，许多大公司似乎并不看重，甚至有些排斥好奇心。在《哈佛商业评论》中，弗朗切斯科·吉诺写道，他对 3 000 名员工进行了调查研究，发现只有 24% 的人对自己的工作抱有好奇心，另外 70% 的人表示，要在工作中提出更多的问题，对他们而言，有一定的困难。[9]我们理解企业为什么有可能抗拒好奇心——我们都身处同一个世界，这个世界中充斥着甘特图、任务列表、项目经理、关键绩效指标以及严格的最后期限。当你背负压力时，刨根问底会使人烦躁。但是，当企业抑制好奇心时，它们也挡住了探寻、质疑和实验的机会。

好奇心的专属时间

明尼苏达矿业及机器制造公司（Minnesota Mining and Manufacturing），即 3M 公司，是鼓励员工保持好奇心的先驱。20 世纪 70 年代，该公司要求员工将多达 15% 的工作时间用于非核心项目，这实际上是在鼓励员工保持好奇心。2004 年，谷歌进一步发展了该理念，其创始人写道：

"我们鼓励员工在常规项目之外，拿出 20% 的时间做他们认为最能使谷歌获益的事情。这项要求使员工更加富有创造性和创新力。谷歌的不少重大进步都是在这个过程中取得的。"

然而，即便是在谷歌这样的企业，完成短期绩效目标的压力也会侵占员工的自由时间，于是便产生了"120% 的时间"这种说法。[10] 字母表（Alphabet，谷歌的母公司）仍然保留着这项政策，但规定现有项目仅可占用员工 80% 的工作时间。字母表的一位团队领导是这样表述的："重点的确不在于为每一件你要做的事征得许可，而在于赋予你尝试和实验的权利——不一定非得是'登月'这种壮举，只需做点儿不一样的事就行。"

吉诺教授的研究发现以及其他类似的结论并不会令我们感到惊讶。在如今这个时代，留给我们发问和做白日梦的时间少之又少。我们虽然知道大部分深奥的问题不可能在谷歌上找到答案，但是"谷歌一下"已经成为一个普遍的说法，这意味着几乎已知的一切都可以在网络中找到。于是，我们习惯问为什么和怎么样的天性变得麻木迟钝。当搜索引擎可以为你找到"答案"时，我们还有什么思考的必要呢？我们的生活沟壑纵横，我们需要付出极大的努力，才能让自己有条件去充分地释放好奇心，积极地解决问题。

释放好奇心

研究好奇心，可以很好地帮助我们思考如何在组织中释放好奇心。这个部分有三条主线，分别为：产生源源不断的想法，提出大胆的问题，在由好奇心驱动的问题解决过程中领悟新奇、酝酿以及安全感的重要作用。图 1.2 依次展示了这三条主线，说明了来自商业、音乐及科学等不同领域的个体如何将好奇心转化为自身的优势以及社会的优势。

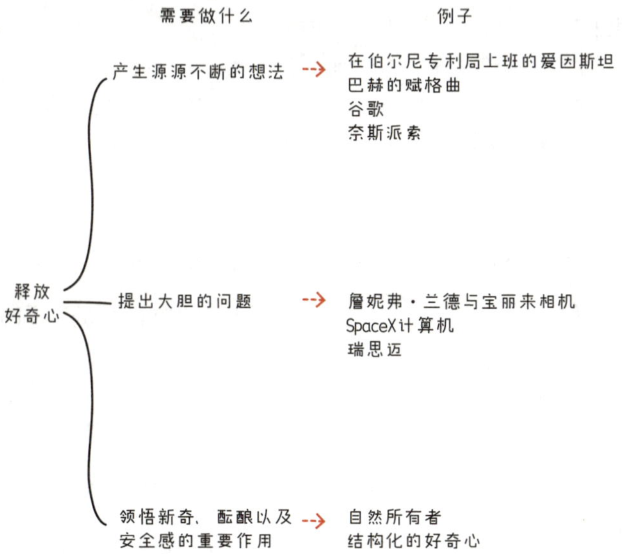

需要做什么		例子
产生源源不断的想法	-->	在伯尔尼专利局上班的爱因斯坦 巴赫的赋格曲 谷歌 奈斯派索
释放好奇心 提出大胆的问题	-->	詹妮弗·兰德与宝丽来相机 SpaceX计算机 瑞思迈
领悟新奇、酝酿以及安全感的重要作用	-->	自然所有者 结构化的好奇心

图 1.2 释放好奇心

产生源源不断的想法

专利局职员爱因斯坦

阿尔伯特·爱因斯坦认为他的天赋来自好奇心。他有一句名言："我没有特别的天赋，只是充满了好奇心。"我们都愿意认为爱因斯坦的成功与他的智力有关。然而，除了"只有"一些智商和好奇心，他那些革命性的科学成果还与其他因素有关。他在瑞士伯尔尼做专利局的职员时，收入十分可观。

从表面上看，在一个欧洲的中等城市做专利局职员似乎不可能促使爱因斯坦取得几个世纪以来最伟大的物理学成就。他之所以干这份工作，是因为两年前从苏黎世联邦理工学院毕业后一直没能谋得一个教师的职位。最后，在 1902 年，他父亲的一个朋友给爱因斯坦提供了一个伯尔尼专利局三级技术专家的工作岗位。这项工作负责审核电磁专利申请，确认专利的原创性，对是否为一项发明颁发专利提供建议。对于这份工作，爱因斯坦要干上 7 年。在很多人眼中，这份工作可能地位低下，充满官僚气息。但是，爱因斯坦却将专利局视作"精神修道院"，在这里，"他最棒的想法诞生了"。[11] 任职三年，爱因斯坦于 1905 年发表了 4 篇论文，其中一篇的主题是"假设光速不变，以时间与观察者的运动状态相关的概念为基础的狭义相对论"。一直以来，我们对物理学的理解从未统一过。

用我们今天的说法，1902 年的伯尔尼是一个创新圣地，尤其是机电设备和电磁设备的创新发明圣地。1902 年至 1905 年，伯尔尼专利局颁发了数百个相关专利，这些发明都颇具广度和深度，从关于铁路出发和到达的远程警报和时钟，到显示其他时区的时钟，样样俱全。[12] 在那个年代，时间与时钟的同步对于欧洲铁路是一项严峻的挑战，对列车调度和避免单轨铁路事故而言意义尤其重大。物理学家、历史学家彼得·加里森这样描述爱因斯坦在发明创造上的活力：

现在，相关专利不断涌现，改进了电子钟摆，调整了接收器，提升了整个系统的能力。在 1902 年至 1905 年的中欧，时间协调并不是一个神秘的课题。在钟表行业，在军事和铁路领域，时间协调都占据着突出位置，同时也是这个互联加速的现代世界的一个象征。通过解决远距离同时性的问题，爱因斯坦发明出影响力巨大的卓越新技术，它使同时性常规化，起初被用于同步铁路线路，设置经度，后来被用于确定时区。

加里森认为，"时间同步是发展狭义相对论的最后一步，是最终的加冕时刻"。[13]

按照现在的说法，我们可以说爱因斯坦完全被源源不断的想法包围，这使得他有更多的可能提出新洞见、发明新技术。在很多方面，1905 年的伯尔尼专利局就像 20 世纪 60 年代的 NASA（美国国家航空航天局），或者 20 世纪 70 年代的硅谷。伯尔尼专利局为一个 26 岁的科学家提供了绝佳的环境，在这里，一名"专利局科学家通过最具象征意义的现代性机制，构建了其相对论的基本框架"。[14]

约翰·塞巴斯蒂安·巴赫的时间和空间

罗伯特（本书作者之一）回忆起小时候在澳大利亚布罗肯希尔听到的第一首古典音乐作品就是约翰·塞巴斯蒂安·巴赫的《耶稣，世人仰望的喜悦》。这首乐曲美妙绝伦，平静舒缓，每天下午 4 点在广播节目《医院时间》播出前播放。此曲写于 1723 年，当时巴赫在德国莱比锡圣托马斯教堂担任合唱指挥，工作繁忙，需要为学生授课，每周创作康塔塔，一年中要额外在包括节日演出在内的 60 场演出上担任指挥，演出曲目均为巴赫自己的作品。

紧张、焦虑，是巴赫一生的主旋律。在创作那些举世闻名的经典名曲的过程中，他经常被"下周日"的每周作曲任务打断。因此，巴赫在多个阶段都出现了对宫廷乐长职责的厌倦，尤其是唱诗班和管弦乐团的指挥工作。音乐理论家推测，巴赫最后不堪重负，消极低沉，才思枯竭。[15]

直到巴赫退休、摆脱了每日烦琐的工作，他才开始从创作教堂音乐转为创作《音乐的奉献》《哥德堡变奏曲》《赋格的艺术》等作品，他并未从创作这些音乐中获得任何报酬。[16] 于是，他开始好奇自己还能在复调音乐的创作上做出多少突破。《赋格的艺术》包含了 14 首赋格曲。这是一首直至巴赫去世仍未完成的作品。有些人认为，巴赫是有意为之，把这首曲子作为留给后世的挑战，让后人创作属于他们的结尾。[17]

巴赫在退休后拥有的时间和空间，让他可以沉溺于对创作的好奇中。"音乐提出了层层问题。"[18] 我们发现，许多巴赫的"下周日"乐曲已经被逐渐尘封，而他后期创作的音乐依然鲜活。这并非巧合。

深度工作，制作一杯好咖啡

你大概率曾经听说过奈斯派索（Nespresso）——每年卖出 140 亿个咖啡胶囊的咖啡品牌，但你可能还不知道埃里克·法夫尔——创造出这个品牌的男人。1973 年，埃里克加入雀巢，成为公司的一名新产品开发经理，他从那时起开始"深度工作"，致力于制作一杯好咖啡。此前，他在瑞士是一名火箭专家，研究热力学及空气动力学。进入雀巢后，这段科研经历居然为咖啡的创新提供了巨大的帮助。

当时，雀巢凭借两款产品占领市场，一个是烘焙咖啡粉，人们可以用法压壶冲咖啡，或者在煤气灶上用比乐蒂摩卡壶将咖啡粉煮成咖啡，另一个是雀巢速溶咖啡。埃里克面临的挑战是，设计出一款超越这两种咖啡的新产品。作为快速消费品行业的全球领导者，雀巢这家瑞士跨国企业为埃里克提供了绝佳的环境，任其尽情探索，甚至研发出有可能冲击公司利润的创新产品。雀巢给予了埃里克空间和时间，使他能够在属于自己的实验室里研究、创造，同时无须考虑运营需求和预算压力。

1975 年的夏天，埃里克和他的意大利妻子安娜 – 玛丽亚在罗马旅行，他发现一部分当地人更看重咖啡店制作浓缩咖啡时所用的咖啡粉品质，而不是这家店的装潢或地点。埃里克对此颇为好奇，于是在纳沃纳广场附近找到了一家名为圣尤斯塔奇奥二世（Sant'Eustachio II Caffe）的咖啡馆。这家咖啡馆看上去很一般，却需要排队。店里的咖啡喝起来非同寻常——口感更浓郁，气味更香浓，咖啡表面的"油脂"尤其醇厚。埃里克找到了店里这位名为欧金尼奥的咖啡师。

后来，埃里克开始自己制作欧金尼奥的咖啡，但是味道截然不同。一个火箭专家做一杯咖啡有多难？事实证明，相当困难。埃里克不得不承认，欧金尼奥咖啡具有神秘风味的原因不在于浓缩咖啡机，不在于咖啡豆，也不在于水。真正的秘诀在于欧金尼奥自身，他是一位实实在在的"乐团指挥"，能用一台老旧的活塞式浓缩咖啡机，演绎出独特的咖啡圆舞曲。但是，欧金尼奥制作的咖啡为什么如此超群呢？在安娜－玛丽亚的翻译下，埃里克了解到，欧金尼奥是如何通过不断抬高和压低咖啡机的杠杆影响咖啡的制作过程的。尽管欧金尼奥以为这台老机器不太好用，但是他一抬一压的操作却意外地将更多的空气吸入、压缩进咖啡机内部。这就是埃里克·法夫尔发现的制作咖啡的秘诀（如图1.3所示）。

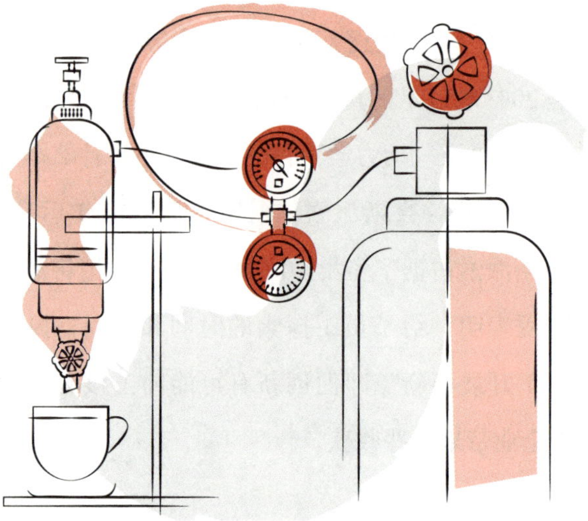

图 1.3 奈斯派索咖啡的研发：埃里克·法夫尔的原始实验

资料来源：SIMON ALDOUS

埃里克回到瑞士，"在一个宁静的星期六夜晚，穿着浴袍，听着古典音乐"，突然领悟到了制作欧金尼奥咖啡的精髓。他直冲实验室，急切地要验证他的设想。埃里克将试管、气瓶、滤纸、咖啡粉、热水，还有最重要的 200 巴增压空气一起组装好。

按照欧金尼奥的方式打开气阀后，埃里克也得到了在圣尤斯塔奇奥二世咖啡馆品尝到的美味咖啡油脂。虽然实际上埃里克的咖啡尚未达到欧金尼奥的水准，但他确实制作出了醇厚的油脂。埃里克的好奇心使他得出了一杯美味浓缩咖啡的配方公式：

油脂（泡沫）= 气压 + 水 + 咖啡粉

深入研究后，埃里克逐渐领悟到这个等式中空气的真正作用，尤其是 20% 氧气量的重要作用。这本是一个难以攻克的问题，不过对于一位空气动力学工程师来说，不算什么难题。

雀巢在 1976 年为奈斯派索注册了专利，10 年后产品问世。2021 年，奈斯派索占据了雀巢 70 亿美元以上的销售额。奈斯派索的研发过程表明，给予员工探索的时间和空间，提供实验资源，赋予员工开展创新（即便创新有可能冲击核心业务）的权力，可以为企业带来哪些收获。

提出大胆的问题

瑞思迈的重磅问题

在本章的开头，我们看到了詹妮弗·兰德一个无心的发问促使她的父亲研发了拍立得相机。如果没有这种坚持不懈的好奇探索，许多成功企业就不会存在。我们最喜欢举的一个例子就是瑞思迈（ResMed），阻塞性睡眠呼吸暂停（OSA）治疗领域的领导者。该公司价值 300 亿美元，由彼得·法雷尔博士创立。彼得是一名生物医学工程师，在百特实验室（Baxter Labs）担任研发副主席。20 世纪 80 年代中期，彼得正在寻找新的医疗技术风险投资项目。他听闻了一种睡眠治疗手段，对此颇感兴趣。这种治疗手段是悉尼大学的科林·沙利文教授的研究成果，它要求病人佩戴可以提供 CPAP（持续气道正压通气）的定制面罩。虽然佩戴初代产品的病人看起来很像电影《星球大战》中的达斯·维德，但是产品理念很有革命性。[19]

沙利文教授对睡眠问题的好奇，源自一个真实发生的悲剧：在医学院就读时期，沙利文发现他的母亲死在了床上。沙利文的母亲有长期的打鼾问题，因肥胖和睡眠质量不佳，患有心脏病。她死于心脏病发作。此后，沙利文教授便致力于研究治疗睡眠障碍的方法。"作为一名医学教授，我没有办法解决这个问题，这种巨大的失落感和无助感至今仍然很强烈。"[20]

沙利文教授向彼得介绍的一位患者有十分严重的睡眠问题，他夜间每个小时都会呼吸暂停多次，白天又会不可避免地睡着。这位患者佩戴沙利文提供的面罩后，实现了多年以来第一次快速眼动睡眠。在他的车库里有一台重达 80 磅①的日立真空鼓风机，

———————

① 1 磅 = 0.453 6 千克。——编者注

与他的睡眠面罩隔墙相连。彼得说，这个初代设备听起来像一列货运火车。他召集了一支设计团队，想要研发一款重量更轻、噪声更小、更便于患者居家使用的面罩设备，并将其商业化。

1988年，沙利文鼻罩式CPAP呼吸机（R2）首次实现商业销售。次年，彼得为百特实验室买入了这项业务，成立了瑞思迈，发展这一面向全球市场的商机。事实证明，彼得的眼光没错。沙利文一直认为只有2%的成年人患有这一疾病。更新的数据表明，有近40%的成年人患有中度至重度的阻塞性睡眠呼吸暂停综合征。在CPAP呼吸机的帮助下，许多患者的健康水平有所提升，夜间睡眠更加安稳，不再频繁中断。

好奇心一般的人可能很容易就宣告胜利，然后选择先休息一下。然而，彼得的好奇心难以被满足，他尤其希望了解CPAP呼吸机能否帮助解决更多睡眠相关的健康问题。通过研究美国国立卫生研究院图书馆的数据，他发现睡眠呼吸暂停也是导致高血压的主要原因之一。最终，彼得的好奇心推动了有关睡眠问题的研究，促使人们发现了睡眠与中风、心脏疾病及糖尿病之间的联系。事实上，睡眠是健康的基石。由于科林·沙利文和彼得·法雷尔的好奇心，我们现在可以为许多人提供明确的治疗方案。

SpaceX 的致命问题

有一类特殊的探索问题，我们称作"致命问题"。这类问题可以打破僵局，帮助我们换一个视角看待事物。这类问题直抵事情的症结，通常非常直接。对于致命问题，我们尚未发现有什么标准的提问方式。不过，我们的确发现了职场的二八法则，即一个团队中 5% 的成员会提出 95% 的致命问题。

> "最好的管理方式是提出问题，而不是发号施令。在大多数情况下，你总是可以把一条命令变为一个问题。提出问题不仅显示了你对他人的尊重，还可以促使人们更认真地思考。面对你提出的问题，员工必须自己进行判断，他们如果有异议，也可以借此机会进行表达。作为领导，即便你已经有了答案，提问也是一种更好的方式。在某些紧急的情况下，你需要直截了当地提出要求；而还有一些时候，达成共识并没有用。一个真正的领导者应当将提问作为主要的工作方式。"[21]
>
> ——埃里克·施密特，谷歌前首席执行官、董事会主席

2008 年，埃隆·马斯克在 SpaceX 的一次招聘中面试天文计算机专家凯文·沃森，问他能否以 1 万美元设计出一台任务关键型计算机。凯文·沃森也许没有用过"致命问题"这个说法，但是他清楚这是一个重磅问题。对任何一个航空航天行业的人来说，这都是一个疯狂的问题：马斯克希望的是用 NASA 一台计算机正常成本（1 000 万美元）的千分之一制造一台计算机。正如沃森指出的："在传统航空航天业，单是航空电子设备成本讨论会的餐费就不止 1 万美元。"[22]沃森在 NASA 供职 24 年，对马斯克提出的挑战的难度心知肚明。尽管心存疑虑，沃森仍然向马斯克保证能实现这个大胆的目标……最后，他用不到一年的时间便兑现了诺言。

领悟新奇、酝酿以及安全感的重要作用

规范化的流程，如标准化操作和战略性规划体现的规律性以及层级结构，共同构成了机构、公司和非营利组织的基石。我们需要常规的流程来实现协调统一，也需要规范来使大型机构实现有效运转。然而，单调的流程和指挥链常常会扼杀我们的好奇心。我们的对策是，了解新奇、酝酿以及安全感之于创造力的作用，并利用这三者的力量对抗标准和权威。

新奇和惊喜

我们在关于儿童行为的研究中发现，新奇和惊喜的感受有助于引发好奇心，进而促使我们走出舒适圈。参观动物园的孩子之所以会发问，是因为这是一次新奇的体验，当然，也是因为小猴子滑稽的动作让孩子惊喜雀跃、兴奋不已。老师们对此十分了解，经常借助它来取得良好的教学效果。

如何将其融入企业发展中？一种方法是，邀请重要客户参与董事会战略研讨会，或者去参观创新中心，在那里你可能会遇到恰好要与你竞争的科技颠覆者。另一种方法是，效仿有些首席执行官的做法，每个星期在客服中心花一个小时，戴上耳麦解决客户的问题。首席执行官或者高级管理人员如果因为恰巧在附近而在某个部门突然出现，可能会引起员工的恐慌。但根据我们的经验，这种情况属于不同寻常的坦率访问，首席执行官与员工会在开放的环境下直接向对方提出问题。新奇和惊喜还可以促使人们

做出改变，我们会在第 6 章对这一点进行讨论。

静止的好奇心

静止的好奇心，或休眠的好奇心，与深度工作密切相关。人们会反复斟酌问题，也会将它们置于一旁，有意无意地在心中酝酿，只有当出现激发灵感的新情况时才会再次认真思考。几年前，罗伯特和同事约翰·斯塔基在集团企业工作，需要解决有关公司战略的一个基础性问题："团队应该保留哪些业务？"普遍的做法是，采用通用电气的准则，即要么将市场份额发展至业内的前两名，要么退出这个市场。罗伯特和约翰的担忧是，在航空等行业，即便成为业内第一或第二，企业也依然有可能损失股东价值。约翰利用结构 - 行为 - 绩效模型来解释这个难题（在一些不具备吸引力的行业，产业结构和竞争行为不会带来资本收益），但他仍然无法判断出理想的业务组合有哪些。

在长达 5 年的时间里，罗伯特和约翰一直在想方设法破解这个难题。20 世纪 80 年代，他们等到了好奇心被触发的那一刻。彼时，T. 布恩·皮肯斯和卡尔·伊坎等金融投资家正蓄意对一些老牌公司进行突袭收购。这场收购缠斗带来的启发是，如果你是一项业务的"自然所有者"，那么正确的策略就是保留这项业务。"自然所有者"是指，相比其他竞争者，能够创造最大净现金流量（包括期权在内）现值的业务所有者。

约翰的客户是一家拥有拖船、工程公司和煤矿的企业集团，他需要就业务的保留和剥离提供咨询意见。罗伯特的客户则是一家拥有建筑材料、林业和渔业业务的企业集团。在决定是否要保留或增加业务时,相比"现金流大于收购价"的传统依据,自然所有者的概念引入了更高的标准,也很快被客户理解。

自然所有者,有时也被称作最佳所有者,《价值——公司金融的四大基石》(*Value: The Four Cornerstones of Corporate Finance*)的合著者蒂姆·科勒将这一概念视为公司金融的第四大基石。金融市场中的颠覆性事件会触发休眠的好奇心,自然所有者的概念便源自于此。

安全感与创造力

我们发现,一旦动物园之行让孩子感到缺乏安全感,他们就会一言不发。同理,在企业中,一个可以提出"愚蠢的问题"的安全环境,是鼓励好奇心的必要条件。高效的、善于激励团队的领导在头脑风暴中都是最后一个发言,鼓励团队成员提出问题,坦率地发表自己的看法。团队中级别最低的员工常常会提出致命问题。

我们的朋友罗伯特·伍德教授为了解释心理安全这个问题,发展出了"结构化的好奇心"的概念:将无须立即解答的问题积攒起来,在每周最后的单独会议上分享,但不必提及是哪些人提出了这些问题。[23] 他之所以提出这个方法,是因为受到了女儿的经历的启发,他的女儿是一名低级别员工,曾经被一位更有资历的同事问道:"你为什么要提这个问题?"

鲍勃解释说,要找到一个提问的最佳时机是很难的,因此有必要设置一个"停车场"存放问题,它可以提供一种安全感。这个方法十分有效，一家大型银行正在鲍勃的协助下尝试使用该方法。图 1.4 展示了可以激发和扼杀好奇心的因素。

要这样做 "激发好奇心"	不要这样做 "扼杀好奇心"
为发问提供有安全感的环境	说"这是个愚蠢的问题"
从失败中吸取经验	无法忍受失败
提供时间和空间	盲目增加现有业务量
允许深度工作	分散注意力，让时间碎片化
拥抱取得成功要承担的风险	安于现状
鼓励源源不断的想法	聚焦内部
创造和利用新奇和惊喜	要求必须按标准流程行事

图 1.4 "激发好奇心"对比"扼杀好奇心"

在你的企业中培养好奇心

本书的两位作者罗伯特和查尔斯的一位前同事是一家大型跨国咨询公司的招聘负责人。他告诉罗伯特，针对毕业生的招聘标准包括好奇心、对不确定性的容忍度以及谦虚的品质，并且他会利用案例对每一项标准进行考核。对于这家公司来说，该招聘策略似乎颇为奏效。然而，对于其他企业，仅仅在招聘中重视好奇心或许还不够，还需要采取更全面的行动。首先，要校准你自身、你的团队及你的企业在好奇心方面的实际水平。然后，考虑适当采取以下步骤，使保持好奇心成为"我们做事情的方式"之一。

1. **设立一个好奇心标准。**我们都想知道自己和其他人的差别。《破解好奇心密码》（*Cracking the Curiosity Code*）一书的作者黛安娜·汉密尔顿博士为此开发了一套好奇心指数。[24] 该指数的计算依据是对 4 项好奇心障碍的评估，它们分别是恐惧（fear）、假设（assumption）、技术（technology）及环境（environment），她将其简称为 FATE（命运）。通过复制弗朗切斯科·吉诺的调查，用认为好奇心被重视的受访者百分比除以不被鼓励提问的受访者的百分比，就可以得出一个粗略的好奇心商数（简称 CQ）。黛安娜的调查结果为 24/70，即 0.34。在我们看来，这个数值是不合格的！

2. **追问问题与答案之间恰到好处的平衡是怎样的。**放之所有部门和时期而皆准的、一成不变的平衡标准是不存在的。不过，企业的管理层可以规划出绩效和增长目标，再据此设计问题和答案。我们发现，一贯看重答案胜过问题的企业创新失败的可能性较大，尤其是在充斥着不确定性的时代。

3. **引入结构化的好奇心。**一种有效的做法是制定团队规范，对于负责快速搭建创新原型的团队，尤其要采用这种做法。为了实现重大目标，企业需要就调整哪些激发和扼杀好奇心的因素达成一致。持续记录问题，但不要注明出处，在每周最后的会议上解决这些问题。

4. **制造惊喜、新奇以及像孩童般发问的愉悦感，让探索好奇心的过程充满乐趣。**"可恶，你们就不能再多点儿好奇心吗？"这样说不太可能产生理想的效果。单靠命令是激发不出好奇心的。我们如果像激发孩童发问一样，建立起激发员工发问的条件，就有可能触发更大的好奇心。我们可以做一些打破常规的事情：促进整个生态系统（客户、供应商、技术合作伙伴）交流融合；安排一名董事会成员参与战略游戏工作坊[①]；要求执行委员会成员在月度会议的第一个小时作为客户服务代表发言；等等。利用惊喜激发好奇心。

5. **让自己沉浸在想法中，深度工作，减少分心，评估结果。**无须等待好奇心政策在整个公司生效。当你开始投入下一个创新项目时，像爱因斯坦那样，让自己沉浸在想法中。像埃里克·法夫尔制作奈斯派索咖啡油脂那样，以

[①] 它旨在通过模拟游戏、角色扮演、案例研究等方式，帮助参与者学习战略规划、决策制度、团队合作、领导力等相关技能。——编者注

结构化的方式实验。协调时间和资源，尽可能减少分心，深度投入工作。评估结果，考虑如何将你的实验推广到其他的团队。在一段时间的测试后，创建一个好奇心项目组合包。

第 2 章

像蜻蜓一样多角度看问题

变换角度或扩大视野，发现新的威胁和机遇

用新视角审视惯犯

数千年来，人类一直面临着犯罪和惩罚的双重挑战。大约4 000年前，美索不达米亚的古苏美尔人编写了现存最古老的法典。他们用笔在泥板上写下了法典，但是，法典中记载的制裁却相当残酷。[1]例如，盗窃是死罪，因此当天的执法者不必担心日后需要再次处理屡教不改的罪犯，即惯犯。然而，在工业革命时期，由于针对许多轻微犯罪的死刑被废除了，惯犯成了英国的一个难题。在不再将囚犯送往刑事殖民地（1868年最后一艘囚船开往澳大利亚）之后，惯犯数量持续增长的情况进一步恶化。

长期以来，犯罪学专家和社会改革家致力于降低累犯率，但是累犯率很少有持久的改善。即便他们研究出了新的惩教手段，完成相关的测试和筹集所需的资金也是一项挑战。直到2010年的一个早上，两位年轻的社会金融学教授来到了投资家罗纳德（罗尼）·科恩爵士位于伦敦的办公室。罗尼虽然是英国风险投资领域的传奇先驱，但是并未正式学习过犯罪学。几年前，英国财政部邀请他领导了一个社会投资工作组。基于这次经验，罗尼于2007年联合创立了英国社会金融有限公司，希望为世界各地的社会问题探索出更好的新型解决方案。那天早上前往罗尼办公室的二人说明了来意，称他们正在研究有关惯犯的问题。他们问道："如果我们将再次入狱的年轻人数量减少与财务收益挂钩，您认为如何？"

罗尼忆述道：

我当即从风险投资的角度分析了这个问题。我瞪大眼睛告诉他们："你们已经替社会企业家找到了通往资本市场的钥匙！让我们一起把这个想法设计成一款投资产品。"正是因为有风投经验，我才能发现这个机遇，并研发出这只5~7年期的债券。[2]

惯犯问题的社会成本很高。在当时（2010年），英国每年释放的每5个犯人中就会有3个在18个月内再次犯罪，这个比例十分惊人。平均来看，这3个人要多在监狱中服刑4个月，每名犯人每年消耗的费用为45 000英镑，这方面的公共财政成本高达数十亿英镑。为此，人们亟须有所行动。罗尼需要英国政府的支持，很快，当时的司法大臣杰克·斯特劳给予了大力支持。在听完罗尼的简要介绍后，斯特劳对官员们说："我知道，我们不应该做任何从未做过的事，但是这次我们要这么做。"[3]

社会影响力债券（SIB）由此诞生，因在英国彼得伯勒监狱首次实验，它又被称为彼得伯勒债券。作为一个金融工具，彼得伯勒债券将惯犯的风险向私营部门转移。对于政府决策者来说，该债券最大的好处在于其收益与降低累犯率的目标完成情况相互关联。

如果不同罪犯群体的累犯率较监狱系统平均水平降低 7.5% 以上，那么投资者购入 500 万英镑债券的年收益率可达 3.5%。实现该目标的挑战落在了慈善机构的肩上。

无论从哪个角度来看，此举取得的成果都是令人惊叹的。最终，投资者不仅收回了本金，还实现了 3.1% 的年收益率。作为政府债券，这一回报相当可观。（对比来看，截至 2022 年 6 月，3A 级公司债券的平均收益率在 4% 左右，美国免税市政债券的平均收益率接近 3%。）如果我们从更广泛的社会视角来看，这项举措的说服力就会显得更强。非营利独立研究机构兰德欧洲发现，彼得伯勒债券发行期间，惯犯数量显著减少。[4] 此外，英国发行社会影响力债券的经验现在正被广泛用于解决各地存在的其他问题：投资者已经购买了 35 个国家的 200 多种社会影响力债券，价值高达 5 亿美元，用于解决从社会流浪人员到早期儿童教育等各类社会和环境问题。[5] 截至目前，受到社会影响力债券的启发，已有超过 1 万亿美元的可持续发展相关债券和贷款。这一切，皆源于采取了全然不同的视角审视一个刑事司法顽疾。

像蜻蜓一样看世界

我们将可以从多个视角或角度分析问题的能力称为蜻蜓眼思

维。这个名称源于自然界的神奇生物之一——蜻蜓。蜻蜓不仅外形美观，而且长有两只巨大的复眼，每只复眼都带有成千上万个晶状体或小眼面，另外还有 3 只单眼，视野可以覆盖各个方向，几乎没有盲点。在昆虫世界乃至整个动物世界，蜻蜓对色彩的感知力是无可匹敌的。

这种思维方法鼓励问题解决者在最舒适的第一视角基础上变换角度，扩大视野范围，或者聚焦和关注某个关键细节。丹·加德纳和菲利普·泰洛克对超级预测者的描述让我们注意到了图 2.1 这张图片。[6] 二人发现，超级预测者（在预测时总是比其他人甚至专业人士表现更出色的个人）在从一个角度观察事物后，会从另一个角度再进行观察，有时甚至会采用第三视角。

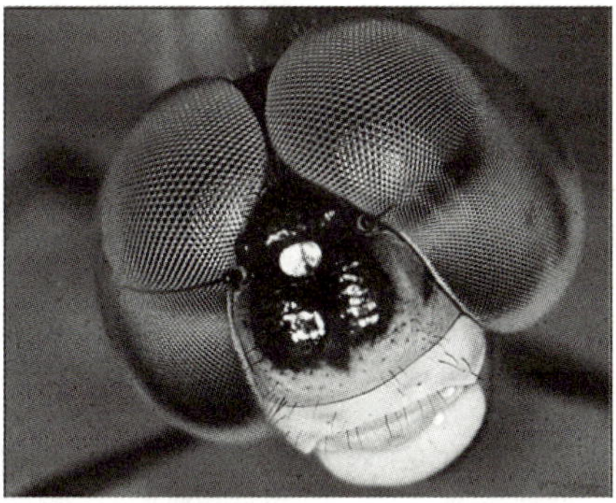

图 2.1　蜻蜓眼
资料来源：MARK MORGAN, FLICKR, CREATIVE COMMONS LICENSE 2.0.

企业如果能像蜻蜓一样用 360 度视角观察潜在的威胁和机遇，就可以获得竞争优势，明确创新路径。相反，如果缺乏蜻蜓眼思维，企业遭到颠覆者突袭的风险就会增加。

从外部锚定

用 360 度视角审视问题，可以被视为"从外部锚定"。相对地，"从内部锚定"指从公司或组织自身出发审视问题。在某些情况下，采取内部视角更为适合，例如，在你面对时间压力，或选择有限的时候。然而，在高度不确定的时代，当面临复杂问题时，我们鼓励决策者跳出内部视角，采用蜻蜓眼思维，从多个角度思考问题，包括外部颠覆者的角度。福特汽车公司的案例可以恰当地说明这一点。福特汽车公司近期把电动汽车业务单元和内燃机汽车业务单元拆分开来（二者仍同属一个公司母体），[7]这将有利于从不同于内燃机汽车业务的视角分析电动汽车的问题。

若是从内部锚定，福特的选择可能就是简单的二选一：将更多的电动汽车业务加入现有业务单元，或者将电动汽车业务拆分出来，成立一个完全独立的公司。但是，从外部锚定可以揭示出更多细微的差别。决策者通过多角度考察发现，由于电动汽车和内燃机汽车二者各方面的差异，相比为电动汽车业务成立独立的公司，在同一个公司母体下设置这两个业务单元将使福特在多方面获益。比如，经销商将更乐于销售两个类型的汽车；因向共同的供应商订购零件而产生的协同效应可以被保留下来；福特还可以避免分拆公司带来的高成本和高风险，减少来自动荡的资本市场的不确定性。

另一个关于从外部锚定的例子，是 20 世纪 60 年代德国企业集团福维克（Vorwerk）旗下的美善品（Thermomix）厨具，它选择了密切关注用户，聚焦用户需求。在启动一款设计之前，美善品的经理会与法国烹饪艺术家取得联系，希望了解他们烹饪菜肴的方式，比如制作浓汤的过程。美善品的团队领导会集结分工各不相同的主厨、副主厨和厨师助理，仔细研究他们的准备过程。用设计思维的语言来说，主厨的"痛点"变得清晰起来：手劈食材，把食材切碎，为防止起皮不停地搅拌，最后把食材煮成浓汤。研究这些"痛点"，相当于从多个微小的角度分析用户需求，这对于创新过程至关重要。美善品充分运用主厨对烹饪的深度理解，生产出了世界上最全能的料理设备，使用该设备最多可以节省50%的切菜和备菜时间。仅凭一台料理机，便可以完成称重、切菜、磨碎、搅拌、烧菜、煮酱、磨粉、揉捏、榨果汁、做冰沙和冰激凌，以及蒸鱼和蔬菜等多项烹饪任务。现在，全世界有数百万的厨师和家庭都在使用美善品多功能料理机。

日本的管理视角

决策者可以通过绘制客户、供应商、竞争者、监管者和颠覆者的生态系统，在外部对商业图景进行 360 度的观察。在这方面，他们可以从日本多个商业会议的举办方式中获得灵感。通常，每位与会者需要从各自的角度提供中立的信息。西方的企业管理人员更多的是从利于自身的角度出发阐述观点，并且希望能够说服大家。而日本的管理人员首先会试图建立一个中立的图景，这一图景可能会逐渐变得丰富和详细。这种方式基于的假设是，当这一图景绘制完成时，合适的路线自然会呈现在每个人面前。[8]

第 2 章　像蜻蜓一样多角度看问题

分步运用蜻蜓眼思维

管理人员常常过分地依赖单一视角，总是用单一视角分析问题。例如，只关心市场份额、净推荐值，或客户终身价值（LTV）与客户获取成本（CAC）的比率。单一视角或许有其作用，但是也存在着过度简化问题和缺乏远见的风险。

我们习惯将运用蜻蜓眼思维的实践行动分为三类：第一，变换视角；第二，扩大视野；第三，从多个角度观察问题（如图 2.2 所示）。让我们举例说明这三类行动。

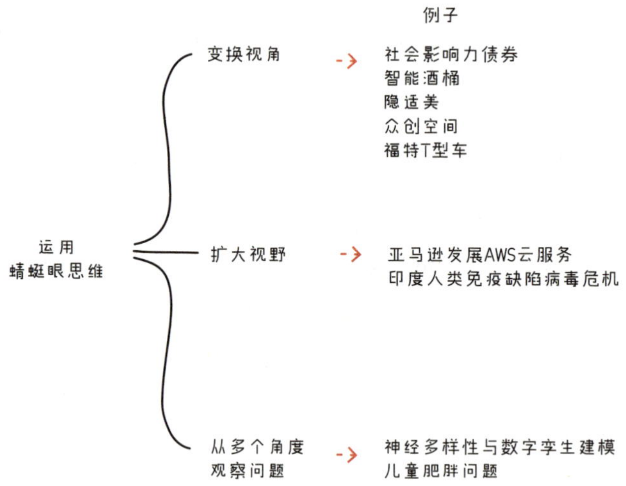

图 2.2　运用蜻蜓眼思维

变换视角

智能酒桶

当前的商业新常态表现为颠覆性威胁层出不穷，竞争环境有了极大的改变。对此，战略家、我们的麦肯锡前同事克里斯·布拉德利称"每家公司都是科技公司"。[9]行业外部的参与者通常是重塑这个行业的排头兵，具有与老牌企业全然不同的视角。在巨变的威胁面前，一味地采用在过去有效的视角看问题是十分危险的做法。同理，采用基于过去的视角制定的目标与关键成果（OKR）仪表盘可能也有风险。

我们以啤酒桶为例。传统上，啤酒公司拥有酒桶，采用每周接受订单的模式，向客户销售啤酒，配送整桶啤酒，回收空酒桶。啤酒市场按照这个模式运转了几十年，直到2019年，有一群企业家成立了一家名为Konvoy的初创公司，为饮料物流领域注入了新能量。[10]Konvoy从科技公司的视角出发，研发出"智能酒桶"，它带有被动跟踪信标及软件系统，可以识别酒桶的位置以及啤酒的温度。基于物联网，处于0G网络中的酒桶会传送小数据包，酒吧老板和啤酒生产商能够据此分析采购模式，提高库存补充的效率。每年酒桶的库存周转率因此从4次提高到了5次。纯生啤酒制造商过去会因啤酒温度升高而遭受损失，现在因为有了智能酒桶这项技术，他们掌握了主动权，极大地减少了啤酒的浪费。在这个时代，连啤酒桶都是高科技的。

关于牙套的新视角

多年来，口腔正畸医生留给人们的印象不是那么美好：在青少年的牙齿上镶嵌明晃晃、硬邦邦的金属牙套的人。从出土木乃伊中收集的考古证据显示，法老统治时期的一些埃及人会用肠线将金属桩固定在牙齿上，据推测是为了矫正门牙的位置。[11] 这些古代的技术与 20 世纪的正畸金属牙套多少有些异曲同工之妙。到了现代，尽管牙医也会使用橡皮筋和垫片，但是经典的弓丝和托槽仍然基本被保留了下来。

20 世纪 90 年代，斯坦福商学院的两位工商管理硕士生凯尔西·沃思和齐亚·奇什蒂，虽然没有牙医资质，但是致力于采用不同于以往的新角度改革口腔正畸。[12] 齐亚只有在成年之后准备进入商学院之前，才有经济能力整牙，这使他有些尴尬难堪。最终摘下牙套后，他有两个重要的发现：第一，他的保持器几乎是看不出来的；第二，即使有几天忘记佩戴，保持器也仍然可以使牙齿移动。他的发现虽然细微，却激发出一个颇具变革性的假设：如果一个简单的塑料保持器就可以使牙齿发生微小的移动，那么也许人们可以改进这项技术，使牙齿移动得更多，而且这种矫正方式会比传统牙套更加美观。事实上，塑料矫正器或许可以完全取代金属牙套。齐亚和凯尔西从这个新颖的角度思考整牙，进而改进了现有的口腔正畸技术，减少了整牙过程的痛苦、尴尬和成本。

凯尔西和齐亚利用软件设计治疗方案，提出了一系列可定制、可摘戴的塑料透明牙套方案。他们将其命名为隐适美，突出了这款牙套在一般情况下隐形的特点。患者无须佩戴金属牙套，只需每隔几周更换一副新的塑料牙套，就可以逐渐将牙齿调整到理想位置。

凯尔西和齐亚为了验证塑料保持器能否被改进为矫正器，招募了多名工程师。他们还联系了口腔正畸医生（从旧金山湾区的电话簿找到号码），希望进行临床试验。起初，没有一个医生给他们回电话。要记住，颠覆很少来自内部！最终，凯尔西和齐亚与宾夕法尼亚大学牙科学院院长建立了合作关系，这是成功研制隐适美的关键一环。

凯尔西和齐亚还向风险投资公司凯鹏华盈（Kleiner Perkins）的乔·拉科布寻求资金支持。2001年，拉科布帮助隐适美公司在纳斯达克上市，隐适美当时的估值为10亿美元。如今，隐适美已是口腔正畸市场的领导者，市值超过150亿美元。由此可见，新视角可以带来巨大的影响。

选错视角的 WeWork

我们在为企业提供服务时，第一件事永远是从多个不同的视角观察问题。我们会观察通过哪个视角我们能够最好地拆解复杂问题，然后规划出一条应对不确定性的路线。这种质疑第一视角的意愿是蜻蜓眼思维必不可少的一部分，它对于避免决策偏差至关重要，尤其是可得性偏差和证真偏差。过于迅速地根据错误的视角开始行动，会产生严重的后果。这里要提到的一个经典错误是类比陷阱，我们认为正是这个错误影响了提供灵活办公空间和办公服务的企业 WeWork 的发展。

在预测产品的潜在增长轨迹时，决策者如果用已经实现指数增长的一款产品类比新产品，就相当于落入了类比陷阱之中。"这就像脸书的增长情况。"企业家会这么说。他们也可能会说："这些预测让我想到了1~4代的苹果手机。"没错。我们都喜欢类比，通过恰当的类比，我们能使团队快速地理解我们想表达的内容。然而，在进行类比时，我们应该始终确保其合理性，并从不同的角度审视，验证潜在假设与类比对象是否具有真正的可比性。只有这样，我们才有可能根据类比的说明价值得出切实的结论，了解在有些情况下，类比可能并不具有说明效果。

WeWork的主要业务是为人们提供共享办公空间，2019年计划上市时，其指数增长的巨大魅力吸引了多位投资者。单从一个视角看，WeWork简直是企业家的美梦。类似脸书、苹果手机和易贝（eBay）平台，WeWork增长的驱动力似乎同样来自"网络效应"——由美国信息技术公司3Com的联合创始人罗伯特·梅特卡夫普及的一个概念。梅特卡夫提出了一个定律，即一个网络的价值等于这个网络节点数的平方。[13]有10个节点的网络的价值是100（10×10），节点增加一个，该网络的价值会增至121（11×11），节点再增加一个，网络价值为144。查尔斯在担任城市搜索的首席执行官时发现，在强大的网络效应影响下，公司旗下的交友网站Match.com的注册用户找到伴侣的可能性大大增加。每多一个用户，网站的价值增量就会进一步增加。这类网络效应也被称作规模收益递增。

WeWork在计划上市时的统计负资产为23亿美元。然而，根据WeWork的IPO（首次公开募股）询价结果，其估算市值达到了惊人的470亿美元。公司价值主要是根据预计的未来现金流量估算的，但是，WeWork当时的估值将规模收益递增和收入指数增长均考虑在内。现在，WeWork 的市值已不足 20 亿美元。

WeWork 的故事值得我们警醒。这家公司曾得到软银集团（Softbank）的创始人兼董事长孙正义的支持，他在投资科技公司方面功绩卓越，对于投资 WeWork 怀有一腔热血，看上去几乎是不计后果。WeWork 创始人亚当·诺依曼称："老孙第一次决定给我投资时，我们才刚见了 28 分钟。"[14]

平心而论，WeWork 先向商业地产业主承租办公空间，再向科技公司提供配备公共服务设施的开放式办公空间短租服务，这种商业模式的确具备一定的网络效应。比如，其客户在一个城市中或前往另一个城市时可以使用 WeWork 的多个办公地点。该公司覆盖多个地点的操作软件和品牌营销可能也会产生一定的规模经济效应。但是，梅特卡夫定律在此并不适用。WeWork 的底层逻辑中几乎没有规模经济：随着客户的增长，该公司需要更多的物理空间，这种线性关系是商业地产出租的显著特点。WeWork 在估值时并未将自身视作商业地产公司，而是从不同的商业模式出发，将自己视为网络科技公司。正如 WeWork 的表述，它之所以这样看待自身，是"基于 WeWork 提供的集空间、社区、服务及科技于一体的解决方案的价值，以及 WeWork 全球平台的规模"。[15]

毫无疑问，WeWork 的领导们坚信自己的公司将在越来越大的单位经济效益下迅速增长。他们但凡试着从写字楼租赁的角度思考一下，可能就会降低增长预期。如今，该公司的财报看起来更像其真正的身份——一家房地产租赁公司，重点报告了办公桌的总销售额、利润，以及工位利用率（2022 年中期达 66%）。

随机组合陷阱

　　另一个相关的陷阱是，有失谨慎的人会用不同的要素随机组合出一个视角。亨利·福特最为著名的举措就是在当时采用了大批量生产及标准化生产的全新策略，在超过 15 年的时间里见证了 T 型车的成功。1909 年，他发表了一句名言："任何顾客都可以选择任何他所中意的汽车颜色，只要它是黑色的。"[16] 在接下来的 15 年，数百万台 T 型车证明了他是对的。然而，进入咆哮的 20 年代，一切都在高速发展，消费者的需求也在不断变化。到 20 世纪 20 年代末，T 型车最终停产。福特已经落入了随机组合陷阱。之后，他再次遭遇挫折，错误地采用大批量生产的方式经营橡胶种植业务。1927 年，在巴西的亚马孙雨林外开辟了福特之城（Fordlandia），旨在标准化供应链。很快，大家清楚地看到，适用于汽车制造的生产线模式并不适用于亚马孙的橡胶种植业务。1945 年，福特的孙子亨利·福特二世最终将该项目回售给巴西，福特损失巨大。[17] 在汽车制造领域，亨利·福特革命性地创造出生产线模式，并收获了大笔财富。但是在此后的经营中，他试图将这种模式应用于所有业务。拿着锤子的人，看什么都像钉子！

扩大视野

　　正如前面所述，运用蜻蜓眼思维，就是从企业外部锚定，基于整个生态系统从多个角度思考问题。当然，要成功实践蜻蜓眼思维并不简单，因为我们很容易陷入先入为主的想法（想想关于白金裙子或蓝黑裙子的视觉错觉，在这种情况下，你很难改变自己的观点）。当你思索客户、供应商及竞争对手的潜在行动时，除了要清楚自己知道什么，一定还要清楚自己不知道什么。

方法之一就是调大镜头的光圈。光圈是一个开孔。光学上，光圈越大，可以进入的光线就越多。我们在调大光圈时，就会改变照片的效果。优秀的问题解决者常常要调大光圈，"站在3万英尺 [①] 外"观察问题。蜻蜓悬停于距地面10英尺的高度，几乎可以将捕食者和猎物尽收眼底。拉远距离，可以同时看到背景和环境，这样的观察效果更加全面，也更加清晰。

亚马逊在云计算领域拔得头筹

今天，我们认为云计算的存在理所当然，但是云计算在一个代际之前尚不存在。一直以来，云计算发展的竞争态势十分迅猛。然而，大型竞争者并不都是同时站上同一条起跑线的。正如AWS（亚马逊网络服务）首席执行官亚当·塞利普斯基在2021年所言："我们在云服务方面拥有5~7年的竞争优势。"[18] 那么，以线上零售起家的亚马逊为什么能够在与谷歌、微软和IBM（国际商业机器公司）等科技公司的竞争中占据优势地位？

这要追溯至21世纪初期，一众市场参与者接洽亚马逊，希望使用其merchant.com电子商务平台，该平台为第三方零售商［如塔吉特（Target）］提供工具包，使其可以搭建自己的网络商店。[19] merchant.com为亚马逊提供了一扇了解邻近企业的窗口，亚马逊发现了其他零售商日益旺盛的电子商务需求，包括对数据存储和分析的新兴需求。亚马逊意识到，除了传统的零售业，其他服务

---

① 1英尺 = 0.304 8米。——编者注

的需求量也在不断扩大。虽然我们今天所知的云计算当时尚未成形，但是通过不断扩大的视野，亚马逊从其电子商务平台企业用户的早期探索中，发现了自身潜在的发展机遇。

2002 年，杰夫·贝佐斯让亚马逊现任首席执行官安迪·贾西完成的第一个重要任务，就是找出内部项目耗时超过预期的原因。贾西很快发现，问题在于缺乏中央研发平台。[20] 因此，他认为亚马逊应该将基础设施重组，使不同的科技团队在各自的项目中能够共享同样的软件构建模块。亚马逊很快意识到，贾西提出的内部改革同样可以被用于优化 merchant.com 等外部工具包。[21] 因此，亚马逊开始解决谷歌和微软当时尚未清晰构想出的需求：为客户的外部项目提供亚马逊的内部基础设施服务。亚马逊的管理层开始考虑利用公司的软件构建模块乃至计算和存储基础设施，尝试发展外部开发者这个理念。一个革命性的全新业务单元逐渐成形。

贾西接管并扩展了一个现有部门，承诺任何企业都能享受到"和世界上最大的企业一样的成本结构及基础设施的可扩展性"。[22] 另外，亚马逊还指派一支南非的网站工程团队，负责研发具有集群计算能力的 EC2（弹性计算云）系统。[23] 这项技术与贾西对 AWS 的构想完美契合。如此一来，客户便可以更加灵活地使用亚马逊的基础设施，根据自身的需求获得并使用亚马逊的计算能力。

到 2006 年，亚马逊的客户可以以低至每小时 10 美分的价格租用其服务，这一变革性的解决方案至今依然是亚马逊云计算的基础。[24] 现在，AWS 在云计算市场的占有率超过了 40%，其最大的竞争者的市场占有率仅为 19%。[25] 通过扩大视野，亚马逊发现了邻近市场中的机遇，找到了自身发展的契机。

解决健康危机

2002 年，比尔及梅琳达·盖茨基金会邀请我们的前同事阿肖克·亚历山大前往印度领导一支团队。此前，印度在一段时间内出现了 HIV（人类免疫缺陷病毒）大暴发，感染率之高可能仅在南部非洲出现过。

起初，解决方案并不清晰。通过对数据的研究，以及 HIV 专家的介绍，阿肖克只能发现问题所在，但找不到解决方案。从医学的角度将 HIV 作为一种流行病毒进行分析，并不能令人产生对解决问题有帮助的想法。所以，阿肖克运用了蜻蜓眼思维，扩大了他的观察视野。他在 3 万英尺外观察到的内容之一是，女性性工作者与其客户（其中有许多人是长途卡车司机）之间的社会动力学，包括减少性工作中暴力情况的必要性。

通过拓宽观察角度，阿肖克了解到女性性工作者的处境，也正是她们帮助缓解了这场危机。阿肖克发现性工作一方面加剧了 HIV 的大肆泛滥，另一方面却可以提供潜在的解决方案。在 HIV 迅速扩散的 6 个邦，他相继约见了数千名性工作者，了解她们的客户使用避孕套的情况，并告诉她们与客户协商使用避孕套是防控的关键。在这 6 个邦，Avahan 项目全面展开。据估算，该项目仅在两年时间内便防止了 60 万人感染 HIV。[26]

从多个角度观察问题

让我们再回到蜻蜓的话题上。这种会飞的昆虫真正的美妙之处并不在于它拥有数量庞大的眼睛，而在于蜻蜓可以将这些眼睛同时看到的信息整合起来。正如我们的前同事鲍达民所说，它是"望远镜和显微镜"的结合体，除此之外，它身上还多了无数的镜头。[27]

在高度不确定的情况下处理复杂问题时，我们如果只用一个镜头，那么自然只能看到问题的一部分。"Farnam Street"博客的博主沙恩·帕里什表示："大部分问题都有多个维度，因此从更多的角度观察问题通常可以为解决问题提供重要的帮助。"帕里什就多角度观察问题的价值提出了极具说服力的表述：

对于一个特定的问题，观察的角度越多，看到的真相就越多。看到的真相越多，我们了解的就越多。我们了解的越多，解决方案就越清晰。[28]

神经多样性与海藻森林的数字孪生

来自斯坦福大学的神经多样性项目的劳伦斯·冯发现，硅谷成功的问题解决者经常展现出神经多样性的特征。这类人"具有独特的串联能力，所以可以快速得出结论。具有神经多样性特征的个体在认知上倾向于先细节后全局，这与大多数人分析问题的方式正好相反，他们会在根本上从截然不同的角度或层面触及一个问题"。[29] 大体了解主要模式的同时，又极度关注细节，这种做法完美诠释了如何用蜻蜓眼思维解决世界上难度最大的问题。

我们来看一个案例。当前，水下海藻森林的海藻正受到人们前所未有的关注。海藻极有可能成为一种蓝色碳汇，其吸收二氧化碳的能力可超过陆地森林。海门冬属海藻是红藻的一个品种，它有可能部分消除牛排出的甲烷（通俗地讲，即牛打的嗝）。海藻森林存在于世界上 4 800 万平方千米的海洋中，面积是美国国土的 5 倍以上，并且每日生长速度达两英尺。[30]

澳大利亚大堡礁试图以创新的方式建设新的海藻森林，在水下 25 米安装浮式平台，利用海浪产生的能量将营养物质上泛的水平恢复到全球变暖前的状态。GeoSynergy 是一家地理信息咨询公司，由首席执行官杰夫·奥斯本领导，它构想出了新海藻森林的三维数字孪生，正在为该项目的搭建及运转进行辅助建模。该模型会将现实中带有海洋永续养殖网格的浮式平台与数字世界连接，除了传感器对二氧化碳吸收量的影响，还会考虑到水温冷却及其对海藻生长的影响。杰夫拥有其他数字孪生项目的成功经验，他和团队在解决问题时，既要探索模式，又要深入挖掘，尤其要注重分析离散元素与其他复合元素是如何相互作用的。

杰夫认为，负责海藻森林项目的最佳人选是具有神经多样性特征、很少进行言语交流的 17 岁的艾登（患有孤独症）。艾登对虚幻引擎和《堡垒之夜》等游戏引擎了解颇深，并且在游戏引擎的设计方面做出过贡献。一个游戏引擎包括分别负责处理图像和三维物体的渲染引擎、物理引擎、人工智能库以及内存管理系统。杰夫回忆道，在他面试艾登时，这位少年展现出了一位 30 多岁的地理信息系统专业人士才会具备的技术成熟度。

艾登开始相信，搭建海藻森林的数字孪生"需要我在计算机图形方面的技能以及有关虚幻引擎的经验，以实现数千个海洋永续养殖网格的渲染，并且使它们在模拟浮力的同时不对应用程序的性能造成负面影响。单个的海洋永续养殖网格在虚幻引擎中表现为一个三维模型，在模拟过程中会在不同位置实例化。海藻目前就是一些二维平面，通过像素着色器进行动画化处理"。[31]

不太容易理解，是不是？关键就在于艾登拥有一系列与神经多样性有关的超能力。在这个案例中，对于一个存在庞大变量的极端复杂的建模项目，这种超能力可以为人们提供独特的视角。

肥胖与抗解问题

当一个问题存在群体或社会维度时，多角度看问题尤其具有价值。让我们走进牛津大学罗德楼的一间团队活动室，这个研究团队的研究主题是发达国家的肥胖症，这是一个超级复杂且极具挑战性的大难题。这种复杂的难题常常被定义为"抗解问题"（源于 20 世纪 70 年代一篇意义深远的同名论文）。抗解问题很难解开，它包含了多个相互关联的起因，涉及多个利益相关方的价值分歧，需要相关方做出重大的行为改变，并且通常存在由政策变化导致的非预期后果。

在这个案例中，将肥胖问题的复杂性展现出来的一种方法是绘制前瞻性肥胖系统图，如图 2.3 所示。[32] 该图是影响肥胖的各个要素的关联图，包括体育活动、初级食欲控制程度、心理压力、自尊及其他要素。看了这张图，你就能很好地理解为什么这是一个抗解问题了！

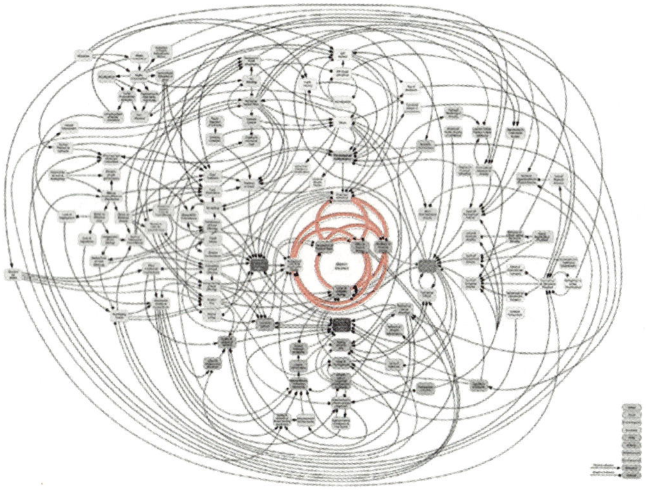

图 2.3　前瞻性肥胖系统图缩略图

研究人员应该从何处着手呢？直白点儿说，要解决这类问题，就是要解开一团线球（如图 2.3 所示）。我们与牛津的团队首先从地理角度着手：有没有哪个发达国家的肥胖率较低？我们发现，日本的肥胖率比较低。我们在美国和日本之间进行了一个关于热量摄入／消耗的简单对比。日本人每天摄入的热量比美国人少，消耗的热量也更多。我们试图了解日本人消耗更多热量的原因。我们的假设是，由于日本的城市布局，这个国家的人们乘车时间较少，步行时间较多。由此，我们考虑将步行便利程度作为一个变量。

我们的团队还尝试从其他多个角度进行分析，比如对比不同国家的激励措施与法律法规。例如，我们研究了针对含糖饮料广告和售卖的规定实行后的效果。（事实表明，效果不尽如人意。）

我们还从社会经济学的角度进行了分析。先前的研究曾将收入和受教育水平与肥胖率联系在一起。[33] 我们的一位研究员计划验证肥胖与 4 个变量之间的关系，这些变量分别是：收入、受教育程度、步行便利程度及气候舒适指数（涉及气温和湿度）。根据来自 68 个城市的数据，研究人员得出的结论是，这 4 个变量均具有统计显著性，与肥胖呈负相关。这 4 个变量可以解释高达 82% 的差异，这个比例听上去很高，但是对于大多数人而言，这 4 个变量都是很难改变的。

除社会经济学因素外，我们还研究了代际效应。据估算，肥胖的母亲养育有肥胖问题的婴儿及 6 岁儿童的风险比不肥胖的母亲高 33%。40% 的肥胖儿童到青少年时期仍然有肥胖问题，75%~80% 的肥胖青少年成年后依然肥胖。由此看来，从母亲和孩子之间的关系入手解决肥胖问题，可能会产生显著的效果。

在与为我们的第一本书《所有问题，七步解决》提供帮助的几位人士讲述这些新发现的过程中，我们认识到，有关儿童肥胖问题决定因素的假设，可以通过全新的调查数据和现代统计推断的方法来验证。慈善机构保罗·拉姆齐基金会表示有兴趣资助悉尼大学的一支跨学科团队展开一次研究，该研究旨在验证家庭成员社会经济地位与儿童肥胖的关系，并观察采用贝叶斯方法能否带来新的洞察。条件概率是贝叶斯统计学中的一个基本工具，会随着新信息的出现而变化。

悉尼的研究人员锁定了一组儿童及其家庭成员的社会经济地位、受教育水平和体重指数的数据集。通过贝叶斯网络的设计，他们能够观察到变量簇，并且识别出这些变量是存在因果关系的，还是简单关联的。他们利用有向无环图展示了发现成果（如图 2.4 所示）。他们发现，儿童主要照顾者的社会经济地位和体重指数、母亲的受教育程度（母亲是否完成高中学业）以及儿童的体重指数这三者之间具有显著的联系。

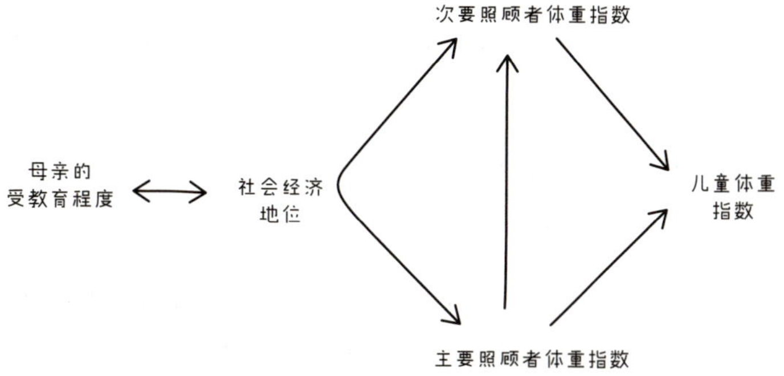

次要照顾者体重指数

母亲的
受教育程度 ⟷ 社会经济
地位

儿童体重
指数

主要照顾者体重指数

图 2.4　展示变量因果关系的有向无环图
资料来源：PROFESSOR SALLY CRIPPS.

上述研究说明了，从多个角度分析复杂问题颇具价值。研究者们的结论并不是说城市必须增加新的步行道，或者监管者应该重新制定对含糖食品的规定。但是通过分析和研究，我们确实对于解决社会问题的方法有了新认识，特别是认识到要增加年轻女性受教育的机会。

在你的企业中运用蜻蜓眼思维

企业要运用蜻蜓眼思维并不需要招聘超级预测者或者贝叶斯统计学家，每个企业都可以采取以下行动。

1. **思考在应对不确定性和复杂问题时可以采用的角度。** 在面临最紧迫的企业挑战时，你是否会尝试不同的角度，努力扩大视野？是否会审视客户旅程，并利用通过审视和分析得出的结论？是否会采用攻方和守方的概念来评估竞争对手针对你的企业行动所做出的反应？你是否认为自己的公司属于科技公司？

2. **运用类比，但要仔细审视其适用性以及判断是否存在偏见。** 当首席执行官或其他高级管理人员说"这就是我在上一份工作中遇到的情况"时，企业需要具有开放式思维，鼓励团队成员识别类比中的相似点和不同点。不过，至关重要的是要避免类比陷阱。

3. **评估是否存在从不同角度看问题或扩大视野的障碍。** 解决问题时尝试不同的观察角度或扩大视野需要耗费时间和成本，但有时并没有立竿见影的效果。Avahan 项目的研究人员用了 12 个月的时间倾听女性受访者的讲述，探究性工作与暴力的关联，最终才在印度全面推行解决方案。对于需要从不同角度进行分析的难题，你是否进行过详细的规划？ OKR 流程是否有助于企业从不同角度解决问题？你的企业的激励机制是否会阻碍员工提出新角度？

4. **询问团队是否在外部锚定，是不是从生态图谱和变革理论入手解决问题的。** 企业是否将有关需求演变或竞争对手动态的主要不确定因素纳入了生态图谱？具备领先水准的客户是否参与了企业的创新活动（如法国厨师协助了美善品产品的研发）？

5. **绘制包含主要不确定性因素的复杂系统图表，探索是否存在从不同角度理解问题的路径。** 在探索儿童肥胖的问题时，社会经济学为我们打开了了解其成因的大门，而贝叶斯网络等不同分析工具进一步推动了我们的研究。

6. **为实现全方位审视问题制定投资策略。** 亚马逊的 AWS 网络服务就是一个有趣的案例。2005 年，云计算还只是一个想法，不能保证成功。安迪·贾西集结了 57 名员工实施了这项计划，规模相对较小，即使以失败告终，也不会给母公司带来致命打击。这的确是一个不错的选择。2022 年亚马逊市值达 5 000 亿美元以上，超过了 IBM、甲骨文和思爱普（SAP）的总价值。

第 3 章

关注当下行为，锲而不舍地实验

收集新信息，开展实验以检验假设

我们来称一称钞票

有一件事多年来让我们印象深刻，那就是为美国联邦储备银行开展的一个关于高风险问题的实验。我们的两位前同事特德·哈尔和唐·沃特斯讲述道：

我们发现，在美联储银行有数百人的工作是点钞，6 个小时一个班次。他们拆开来自商业银行的一捆捆钞票，进行再次清点。在这些成捆的钞票中钞票数额大于或低于标准数额的概率非常低。[1]

对于这种耗时的工作方式，特德和唐思考了其成本，并尝试找出替代方案。当时距离点钞机问世至少还有 10 年时间。不久，唐突然找到了灵感：在参观旧金山富国银行历史博物馆时，他看到了加利福尼亚淘金热时期称金子用的精密线纹尺，于是便想到，在清点美联储银行的钞票时是否也可以使用类似的称重设备。

特德和唐决定进行一次实验。他们在金库中准备了两捆纸币，一捆由人清点，他们则根据设定的标准重量对另一捆进行称重。"然后，我们通过统计抽样来分析哪种方法可以更准确地识别钞票中的计数错误。"

当时的美联储主席阿瑟·伯恩斯亲临现场，见证了这场实验。一开始，无论是人工清点组（钞票由人工清点两遍），还是通过称重得出钞票数额的称重组都确认自己组的计数结果无误。接着，由点钞员检查通过称重确定数额的钞票，称重组的人员则去检查人工清点的钞票。结果证明，人工清点组的钞票有许多计数错误，而称重组的钞票计数完全正确。"看样子，答案已经很清楚了。"美联储主席宣布，抽了一口随身携带的烟斗。

这场实验促使美联储银行摒弃了传统的工作方式，从完全采用人工点钞转变为取消人工点钞。随后，美国货币监理署拒绝对大面额纸币进行称重和抽样，理由是这可能有损美国金融系统的诚信度。尽管如此，特德和唐的团队不仅提升了一个高风险程序的准确度，而且为美联储节省了每年数百万美元的营运开支。

当下行为与问题解决

"解决问题需要有选择地试错。问题越是困难和新奇，需要的试错次数就越多。"

——诺贝尔经济学奖得主赫伯特·西蒙[2]

当下行为这个说法，描述的是在现实中实实在在发生的事情，而不是模拟或预测出的事情。这个说法有点儿奇怪，但是我们认为其突出了解决问题时的一个重要战略性思维，即具有开展新实验、生成新数据的意愿，而不是一味地依赖陈旧的数据集和传统答案。

运用当下行为这种思维方法，意味着为了降低不确定性而不断地尝试，正如美联储银行的例子所展示的那样，在精心设计解决方法之后大胆试错。优秀的问题解决者会运用这种思维方法不断地验证假设。实验结果将帮助他们决定下一步的行动——放弃一条路径，做出自信的决定，继续前行；或者收集更多数据，再做出合适的决策。使用该思维方法需要进行精心的规划，并验证自己的假设，这大概正是大多数企业不善于采取这种思维方法的原因。管理人员希望立即得到答案，因为害怕失败或担心被发现自己工作中出现纰漏，而放弃了理性的冒险。

像贝叶斯一样思考

今天，对于在不确定的情况下解决问题，我们认为常规的方式是，从已有的知识出发提出一种解释，然后收集数据，观察证据是否支持该假设，再根据我们实际观察到的情况更新假设（如图 3.1 所示）。这就是科学方法的本质：通过实验降低不确定性。这也是贝叶斯法则的核心思想，该法则以 18 世纪的统计学家托马斯·贝叶斯的姓氏命名。

57

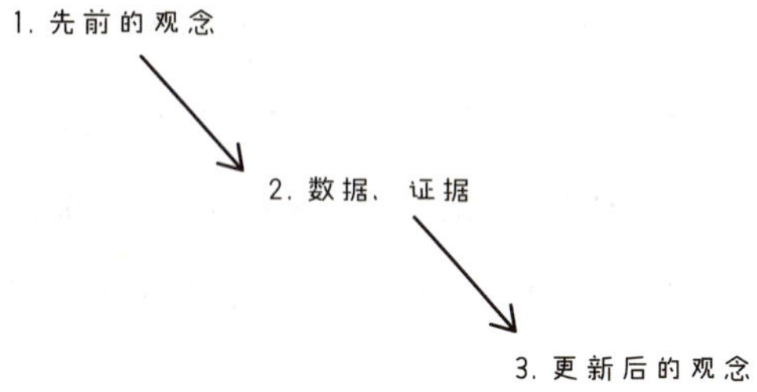

1. 先前的观念

2. 数据、证据

3. 更新后的观念

图 3.1　贝叶斯法则的作用机制

在数学爱好者眼中，贝叶斯法则是这样的：

P（A|B）=P（B|A）× P（A）/P（B）[①]
即 P（假设 | 证据）=P（证据 | 假设）× P（假设）/P（证据）

贝叶斯法则根据数据提供的证据，估算假设为真的概率。例如，我们可以思考一下汽车事故。最有可能引发事故的人是谁？依据多年的观察，我们知道，新手司机出事故的风险更高。根据贝叶斯法则，汽车保险商知道应该对青少年驾驶员收取更高的保费，而不是宽泛地按照所有驾驶员的平均事故发生概率收取统一的保费。这是问题解决者的理想解决方案。贝叶斯法则无疑会被应用于政治性民意调查、精算评估、药物测试等各个领域。《不完美主义》一章所列举的拥抱风险的案例，也同样采用

---

① P（A|B）是在事件 B 发生的条件下事件 A 发生的概率，即后验概率。P（B|A）是在事件 A 发生的条件下事件 B 发生的概率，即似然率。P（A）是事件 A 发生的概率，即先验概率。P（B）是事件 B 发生的概率，即背景概率。——编者注

了贝叶斯法则。《像蜻蜓一样多角度看问题》一章中的儿童肥胖案例，阐明了规范的贝叶斯分析如何辅助人们厘清数据中的因果关系。

贝叶斯法则是本章所讲的思维方法的核心知识架构，从我们的观察发现入手，估算在假设为真的条件下一个事件发生的概率，再根据证据更新观念。在开展贝叶斯自适应实验时，团队判断出最有启发性的一项实验，通过该实验，团队就可以最大限度地降低不确定性。谢谢你，尊敬的托马斯·贝叶斯先生！

规划当下行为

我们在担任管理顾问时，发现解决战略性问题的最佳方法就是用真实的实验证据验证假设。我们也见到过这个方法失效的情况。初级的问题解决者或好奇心不足的高级问题解决者总是会将起初的"假设"与"解决方案"混为一谈，并立即试图证明其真实性和有效性。但是，假设绝对不是解决方案。我们必须依据数据显示的真实情况验证、质疑或推翻假设。时间是一个限制条件，大多数企业无法用几年时间开展随机对照实验，最终得出一个结果。因此，我们希望实验可以及时地进行，并且兼具成本效益。

以下是几个不同类型的真实案例：

- **新几内亚岛的树木**：我们假设巴布亚新几内亚未来的森林资源储备充足。为了证实或证伪这个假设，我们展开了原木检验，对先前未经检验的用于生产胶合板的树种进行剥皮。我们发现，这里的树种确实具有可持续性，可以极大地延长锯木厂的生命周期，为当地人提供就业机会。

· **酒吧之外**：我们假设，酒吧如果在相关食品及其他饮品销售方面投资，就可以赚更多的钱。为了验证该假设，我们搭建了一个多元回归模型，利用来自约 500 家酒吧的数据，计算新业务增加的收入，并根据周边竞争对手的情况对业务进行调整。该模型证实了我们的假设。酒吧的食品和其他饮品销售业务逐渐发展壮大，与啤酒生意持平。

· **坚韧的钢铁厂**：我们假设，地处偏僻的钢铁厂虽然位置不佳，但也可以具有竞争力。我们发现在北极圈内，距离瑞典斯德哥尔摩 900 千米的吕勒奥市有一家钢铁厂，我们对其因为距离而产生的额外成本进行了计算。在澳大利亚遥远的半荒漠地区也有一家工厂，距离该地区首府 400 千米，我们进行了同样的计算，发现这里与瑞典的工厂一样，由于十分接近铁矿资源，其节省的成本可以在很大程度上抵消因位置偏远而产生的额外成本。几十年后，这两家工厂依然在有序运转。

· **发放补贴**：加利福尼亚的斯托克顿堡存在严峻的收入问题和就业问题，希望能通过发放补贴帮助领取者找到工作。在一项含有随机对照实验的研究中，125 人连续 24

个月每月收到 500 美元，另外 125 人作为对照组不会收到钱。事实证明，收到收入补贴的人没有浪费这笔钱，他们利用补贴找到了新工作。在一年间，补贴获得者中拥有全职工作的人数从 28 人升至 40 人，增长了 43%，而对照组中相应的人数仅增长了 5%。[3]

类似这样的实验使我们成了当下行为的信徒。为了用好这种思维方法，我们需要做三件事（如图 3.2 所示）。

第一，**开展实验，创建新数据**。

第二，探索是否有可以捕捉和研究现有数据的新工具或新**方法**，从而洞察现状，以降低不确定性。

第三，利用自然实验。

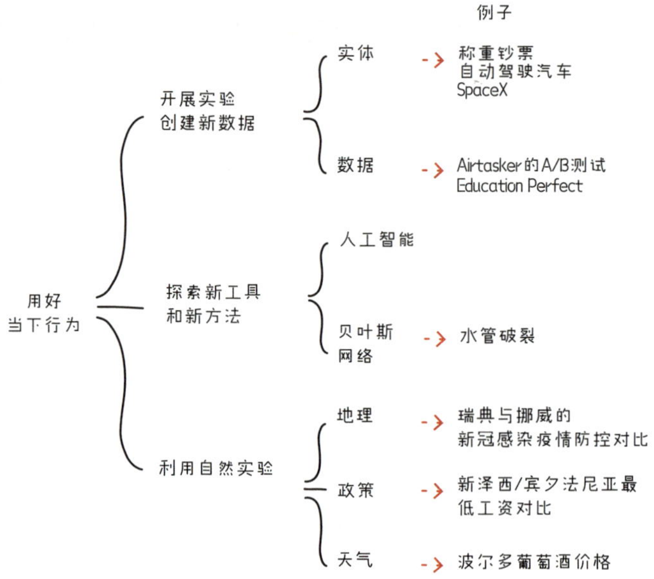

图 3.2　用好当下行为

开展实验，创建新数据

如果明天的战略性环境和运营环境如今天一般，那么我们就没有充分的理由进行实验。然而，如果快速变化与高度不确定性成了行业结构和动态的一部分（当下几乎每时每刻都是如此），那么实验对于确定行动理由就是必不可少的。没错，实验需要时间和金钱，也不一定能产生结果，而唯一可以肯定的一件事就是，有实验就会有失败。尝试就有可能会出错。但是了解了这一点，企业就可以通过试错获得优势：它们可以开展规模较小但意义重大的实验，设计一些重要的问题（每个问题都应该对应一个假设）。而且，它们应该快速失败，然后进行下一次、再下一次的实验。要记住，拒绝实验也是要付出成本的：无论你的态度如何，其他企业都在试图颠覆这个行业，甚至很有可能正在试图颠覆你的企业。

自动驾驶汽车实验

人人都爱赢家，在谈及自动驾驶汽车时，这句老话并不适用。人们反倒喜欢看自动驾驶汽车出毛病的新闻。有些报道十分搞笑，比如在旧金山，一台自动驾驶汽车在警察走近时启动，重新停车。而其他一些报道则很悲惨：2016年，一辆特斯拉 Model S 轿车的传感器将一台驶过高速公路的大型白色18轮拖拉机挂车误认为天空，导致特斯拉车主死亡。撞车事故表明，人们还需要对自动驾驶汽车进行额外的严密实验才能使其符合安全要求。但是迄今为止，自动驾驶汽车事故报告显示，187 起撞车事故中仅有两起与系统性能有关，其余事故均由人为错误导致。[4]

在行车安全方面，自动驾驶汽车仍处于早期阶段，这与 20 世纪初期汽车面临的情况相似。但是，现在一切都变化得更快了。100 年前，平均每 1 亿英里[①]有 18.65 起与汽车有关的死亡事件。据特斯拉公司估算，当下每 3.2 亿英里有一起与开启自动驾驶模式的汽车相关的死亡事件，这与 Model T 时代相比改进显著。当今领先的自动驾驶汽车制造商，学习速率大幅攀升，其人工智能学习的数据集来自 1 万名最优秀的驾驶员的驾车表现。不断实验是使汽车达到安全性能最佳水平的最快方式。

然而，艰巨的挑战不会消失。例如，汽车传感器在交通繁忙、暴风雨天气或路标被涂鸦覆盖时，也应具备可靠的性能，它们必须能够在各种天气情况和人流密度下有效地发挥作用。传感器还必须能够导航环岛路线，这是在英国及其他国家普遍存在的一种交通路线。就像人类驾驶员一样，自动驾驶汽车在环岛无法每次都走对，至少目前尚未做到。

Waymo、阿里巴巴的 AutoX、百度以及通用旗下的 Cruise 等自动驾驶汽车公司均在开发可以捕捉周围环境属性、预测周围环境可能如何变化的机器学习算法。具体来说，它们需要在回归算法、聚类算法、决策矩阵算法以及模式识别 4 个方面取得突

---

① 1 英里 = 1.609 344 千米。——编者注

破。不过，目前尚未有标准化指标可以确保自动驾驶汽车使用的机器学习算法的安全性。自动驾驶汽车需要学习和适应不同的情况，从而使自身具备检测物体和解释对象的能力。

同时，"道路"（包括驾驶者、骑车者、行人以及对前三者负责的监管者）学习、理解并适应自动驾驶汽车的唯一可靠方式，就是观察和体会自动驾驶汽车在日常如何行驶。要想大规模使用自动驾驶汽车，必须以建立其与公众之间的信任为基石。为了实现自动驾驶所谓的"第5级水平"（完全不需要司机手握方向盘，或汽车可以实现完全无人驾驶），我们有必要规范和完善管理规则。目前，任何国家都没有足以支撑整个自动驾驶系统运行的管理规范。即便澳大利亚的情况较为"简单"，在迎接自动驾驶时代时，也有超过50项联邦及各州的法律条目需要修改，几乎相当于对国家的汽车保险制度和交通网络进行全面修改。这种情况只有在自动驾驶汽车被广泛接受后才会出现。

SpaceX：锲而不舍地实验

对于 SpaceX 来说，时光飞逝：现在，该公司在太空探索的路上已经走了约 20 个年头。埃隆·马斯克的公司愿景和目标堪称传奇。不太为人所理解的是该公司的行事作风——为了极力压低太空探索的成本，锲而不舍地进行实验。马斯克从一开始就意识到，发射的成本必须尽力压低。要使成本沿着曲线向下移动，SpaceX 需要增加发射的频率。[5]

SpaceX 的工程师快速学会了通过反复验证新假设，将小举措累积为重大的改进方法。这种快速验证并改进的方法可以以合理的成本获取新信息，不断扩充自身的知识量。[6] 他们将这种决策体系称为"起飞、测试、失败、解决"。SpaceX 解决了一个独特的难题，即如何使太空火箭的组件能够被重复使用。历史上，大型一级助推器和整流罩的成本会占火箭总成本的 60%。[7] 工程师利用网船回收整流罩，节省了 10% 的成本。SpaceX 率先使用了三维打印的火箭引擎金属部件以及 PICA-X（酚醛浸渍碳烧蚀材料）复合材料隔热罩（由 NASA 发明但从未使用）。此外，SpaceX 抛弃了成本加酬金的模式，改为由公司内部制造约 80% 的组件。此举极大地降低了每次发射的成本。

高频发射的一大好处是使 SpaceX 能够在太空开展实验。NASA 在开展其航天飞机计划的 30 年间，平均每年发射 4.5 次。而 SpaceX 在 2002 年至 2021 年间，平均每年发射 5.3 次，比前者多了将近 20%。2021 年，SpaceX 在轨发射的火箭数量从上一年的 26 枚增至 31 枚，创下了纪录，其发射节奏也随之加快。2022 年初，SpaceX 每月都会执行 3~5 次发射任务。

发射频率增加极大地降低了将 1 千克的物质送入太空的成本。这一成本从 20 世纪 70 年代至 21 世纪初期基本没有变化。NASA 将 27 500 千克的物质送入太空需花费 15 亿美元，每千克的成本约为 54 550 美元。[8] SpaceX 则将每千克成本削减至 2 720 美元，降低了 95%（如图 3.3 所示）。[9]

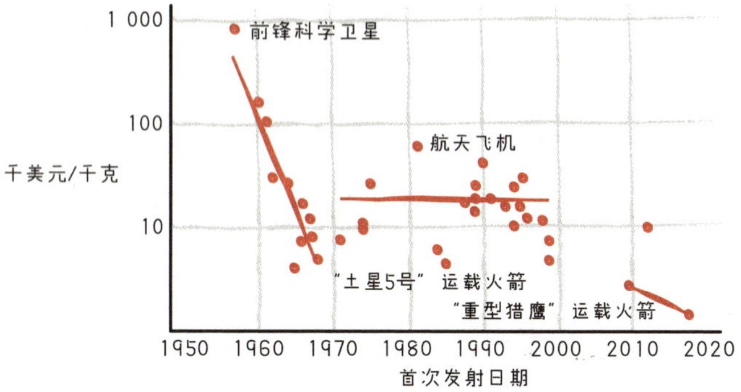

图 3.3　近地轨道每千克发射成本与首次发射日期的关系

资料来源: H. JONES, NASA, CONFERENCE PAPER, 48TH INTERNATIONAL CONFERENCE ON ENVIRONMENTAL SYSTEMS 2018.

Airtasker 的 A/B 测试

Airtasker 是一家本地服务（也就是我们统称的"家务"）交易平台，在澳大利亚同类公司中排名第一。该公司由现任首席执行官的蒂姆·冯于 2012 年创立，现有客户超过 100 万，其使用方法为：首先你要发布需要找人完成的任务，比如打扫棚屋或担任某个具体活动的服务员，然后设置一下你准备支付的预算，最后挑选出线上的最优报价。Airtasker 的原始商业模式很简单。发布任务是免费的，但是，提供服务的人平均每 1 美元只能赚取 87 美分，平台会收取 13 美分。虽然免费发布任务自然可以鼓励人们广泛使用该平台，但是冯开始思考 Airtasker 是否可以完善其定价政策。他尤其想知道，如果向享受服务的申请者收取费用（有点儿类似预订费），会对业务产生什么影响。

Airtasker 决定进行一次 A/B 测试，冯称其为 ABCDE 实验，观察客户在实验中会做何反应。测试团队利用 Optimizely 软件，进行了一个星期的实验，取 1 万项任务作为样本，将预订费比例分别设置为 0、1%、3%、6% 和 10%。结果如何？没有任何变化！在这个费用范围内没有价格敏感度。而当冯使 Airtasker 的任务定价增加 10% 的预订费后，利润确实增长了 50%。

然而事情并未到此结束。6 个月后，该公司又进行了一次预订费更高的 A/B 测试，这次则发现需求断崖式下跌。这似乎是经济学家所说的"拐折的需求曲线"，即需求在一个宽泛的费用范围内没有弹性，而当费用到达客户认为的过高点时，高度弹性就出现了。

现在，通过 A/B 测试创建数据几乎成为冯的第二天性。他不相信理论，更看重在测试中客户行为反映出的情况，而不是他们说了什么，或者你认为他们可能怎么做。像冯这样的数字原住民相信测试，并且都持有统计学家的信念，即"一切皆在数据中"。

Education Perfect：教育者学到了什么

新兴的教育科技产业——学习和教育的硬件和软件——包括大型开放式网络课程（慕课）及交互式教学工具（如互联白板）。该领域的早期公司志在全球，然而它们面临着巨大的障碍，包括获取客户的高额成本，在有些学区难以获得认可等。在这样的不确定性和变动中，要创建有实际意义的数据确实很困难。

让我们了解一下一家新西兰的教育科技公司 Education Perfect。2020 年 1 月末，新冠感染疫情开始暴发，随后学校停课。疫情迅速蔓延至全球各国。老师们只有数天时间（有的只有几个小时）学习远程教学。Education Perfect 的首席执行官亚历克斯·布尔克知道他必须迅速做出响应。布尔克告诉我们："我们决定从 5 月 1 日开始，在停课期间，向用户提供免费试用服务。""在 8 个星期里，试用我们平台的学生新增了 50 万名，访问平台的国家数量从 18 个升至 60 个。"[10]

此次试用成了 Education Perfect 的转折点。首先，试用的续费率达 65%，利润增长增加 5%，为未来几年的发展创造了价值。这次试用当然也在客户终身价值和客户获取成本方面收获了回报（如图 3.4 所示）。然而，除了利润的迅速增长，试用还带来了来自其他学校的数据，这些学校表示它们希望在未来 Education Perfect 系统升级后收到通知。该公司得到了宝贵的客户体验数据，这些新信息将在该公司发展业务时为其制订预期目标提供依据。

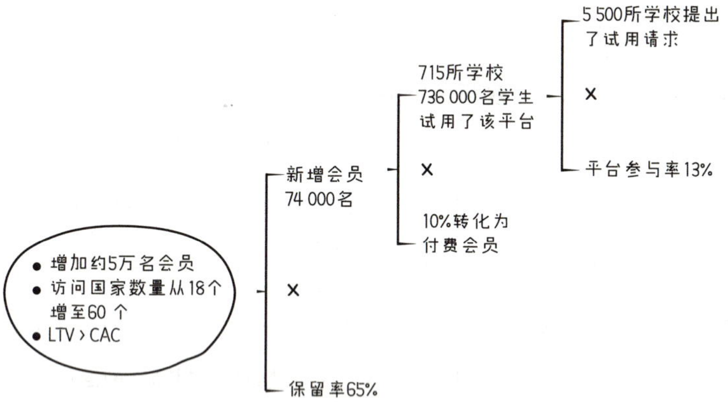

图 3.4　Education Perfect 疫情期间提供 8 周试用服务的成果
资料来源：EDUCATION PERFECT.

我们熟悉的其他科技公司也正在进行一系列的实验，包括产品研发实验、功能特性设计测试、线上销售与实体店销售对比实验、企业内部支持与用户支持下的客户体验对比实验。它们之所以锲而不舍地实验，是因为实验成功之后，公司将收获丰厚的回报——既可以将适合的产品或服务投入市场，又可以领先于竞争对手。

探索新工具和新方法

实验并非毫无成本。分析一下实验的成本与效益总是有好处的，并且要从现实出发衡量成本和效益。衡量成本时不仅要考虑金钱成本，还要考虑时间因素。企业的注意力是否会被一些增量式小实验过度消耗，特别是那些需要大量时间执行和分析的实验？另一方面，衡量效益不仅要看当前的竞争局势，还要考虑如果一个假设被证明是真的，竞争局势可能会发生怎样的变化。实验应该产出数据，即便数据只是简单地说明了"这样没用"或"我们无法从这些结果中得出结论"。但是，如果我们可以降低实验成本，尤其是能借助新工具和新方法来实现降本增效，那么做出开展实验的决策将变得更容易。

隐藏的二八法则：预测地下水管破裂情况

近几年，有关"大数据"和数据分析技术复杂性的话题，我们已经听说了不少。但是，如果关于一个问题仅存在稀疏数据，问题解决者也只有多元回归等预测值较低的传统工具，那么我们该怎么办？陈芳是人工智能领域的博士，也是一位杰出的教授，她恰好就遇到了这样的问题。她的家乡悉尼的水务局向她提问："我们如何才能提前知晓关键水管可能存在的破裂风险？"

悉尼有数千条关键总水管，大部分位于地下。直到这些水管出现破裂之前，人们都认为这些管道会一直正常运转。然而一旦水管破裂，我们将为之付出巨大的社会代价和经济代价，因为水管破裂极有可能引发包括洪水和交通瘫痪在内的各类问题。虽然预防性维护成本是被动维修成本的1/10，但是地下水管的评估工作很难开展。通常，公共设施管理者每年仅能评估水管网络长度的1%。因此，水务局的数据分析师一直在努力尝试预测水管破裂最可能发生的位置，以便针对性地实施预防性维护，将维修成本最小化。

想象一下，有人请你解决这个问题。你起初可能会假设，年头最久的水管最可能出现破裂。毕竟，这么想符合"先进先出"的原则。20世纪80年代的早期研究运用了这种时效模型，明确地假设旧管道比新铺设的管道出现破裂的可能性更大。但是，这个假设不成立，因此人们也没能从中得出解决方案。从那时起，出现了多种不同的统计模型和机器学习方法，结果表明造成水管破裂的原因有很多，可以分为多个类别，主要有：（1）水管的使用状况和年限，（2）水管铺设环境的类型（如土壤腐蚀性强的环境），（3）水管的质量，（4）使用条件（如水压）。[11]

大部分关键总水管的使用寿命可以达100年以上，其间极少破裂。而现在收集到的可靠数据，时间都不够久远，无法辅助预测。陈博士的团队认为，约 99% 的水管在 12 年的观测期内没有出现过破裂，或仅破裂过一次。因此，他们的全部水管破裂数据十分稀疏。

为了加深了解，陈博士团队创造了一种新型的非参数贝叶斯机器学习模型，该模型仅凭稀疏数据也可以有良好的表现。她和同事根据多方面的属性，估算了水管破裂出现的可能性。如图 3.5 所示，仅测试 20% 的水管，陈博士的模型就可以准确预测 80% 以上的水管破裂，这远远超过其他破裂预测工具。该模式还具有一定的灵活性，可用于仅具有稀疏数据的其他问题，例如悉尼港湾大桥哪里会出现裂缝（港湾大桥裂缝的出现率同样很低）。

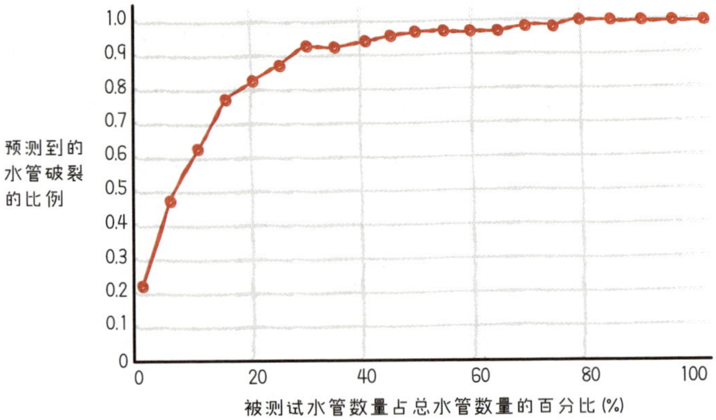

图 3.5　被测试水管数量百分比与预测到的水管破裂的比例的关系
资料来源：PROFESSOR FANG CHEN.

几乎其他现有的先进预测工具依靠的都是参数模型，而陈博士的模型正是因为非参数属性才有如此高的预测成功率。使用参数模型需要对水管的属性进行假设。例如，假设铸铁水管比PVC（聚氯乙烯）水管更容易破裂。而使用非参数模型则不会进行这类假设，因此会产生更加灵活的解决方案。陈博士的模型因其非参数属性可以帮助人们发现某个区域的水管破裂情况比悉尼更多，即使两个地区中水管和土壤的属性都十分相近。排除多个属性后，陈博士团队注意到，伍伦贡市的区域范围和悉尼相比，形成得更晚，也更不稳定。因此，这方面的地理差异有可能导致更多的水管破裂事故。

2020年间，在新南威尔士州智能传感网络的协调下，陈博士团队与供水公司、大学及业内伙伴等13个合作方携手，采用MNF（夜间最小流量）以及更加优质和丰富的数据，进一步完善了其团队的非参数模型。[12] 分析结果显示，检查20%的水管即可探测出80%的破裂情况，并能预测出200米以内的破裂出现的位置。以此为依据，悉尼水务行业年检标准的水管检查率从1%调高至2.5%，这意味着企业在8年内应该能够预测80%的水管破裂情况——这是一次非凡的进步。

参与合作的澳大利亚和英国的供水公司目前正在测试陈博士的模型，利用新收集的现场数据对其进行持续优化，提高水管破裂的可预测率。该解决方案节省的水资源已达5 000兆升（相当于2 000个奥林匹克运动会游泳池的水量），其价值超过1 000万美元。这很好地证明了一种乐于开展实验、尝试新型分析方法的思维方法的益处。在不确定性高以及数据稀疏的情况下，这种思维方法也能使人获益匪浅。

利用自然实验

当两个在其他方面相似的决策者实行不同的政策，取得不同的结果时，自然实验就出现了。在开展随机对照实验或 A/B 测试违背道德原则的时候，自然实验使我们可以对比不确定条件下解决问题的不同策略。人口相似但政策不同的两个城市就是自然实验的典型的受试对象。

瑞典与挪威的疫情防控对比

面对 2020 年 3 月在全球蔓延的新冠感染疫情，采取不同防控措施的各个国家为解决公共健康问题提供了丰富的比较素材。较为明显的防控差异出现在两个斯堪的纳维亚国家——瑞典和挪威之间，两国共享一段绵长的边界线，人口的各个方面几乎都很相似。两个国家都实行现代民主体制，提供高福利以及高质量的全民公共医疗。两国政府当时均为少数派联合政府。两国的公共卫生计划均备受推崇：在新冠感染疫情暴发前一年的全球卫生安全指数上，按照应对大流行病的准备水平，瑞典位列第 7 位，挪威位列第 16 位。[13]

现在众所周知，在新冠感染疫情防控方面，瑞典是管理最宽松的国家之一，而挪威的管控措施要严格不少。在国家层面，两国大力协调公共卫生资源，但挪威的相关机构往往由政府部门直接管理，瑞典则更加自主。结果是，挪威采取了一系列全国协调和强有力的预防措施，而瑞典的情况则由公共卫生局这个单一机

六个方法，解决难题

构控制，尤其是受到国家流行病学家安德斯·泰格内尔博士的影响。在新冠感染疫情防控方面，瑞典的首相及其他相关政府部长发挥的作用十分有限。

尽管从未被公开证实，但有人认为，在疫情初期死亡人数不明，疫苗也尚未研制成功，泰格内尔采取了群体免疫策略，而没有像挪威那样采取预防措施。泰格内尔反对限制人们在学校和餐厅等大多数公共场所聚集，也反对在室内佩戴口罩。

我们可以在图 3.6 中看到，2020 年疫情初期，瑞典和挪威在相关政策方面的差异。[14]

挪威	瑞典
• 1月31日：卫生部临时做出具有约束力的决定	
• 3月6日：暂停探视养老院	
• 3月11日：封锁（聚集人数不得超过500人，学校、餐厅以及大部分活动暂停，强制隔离探视人员）	• 3月12日：聚集人数不得超过500人
• 3月16日：封锁边境	• 3月17日：一些学校开始开展远程教学
• 3月25日：聚集人数不得超过5人	• 3月27日：聚集人数不得超过50人；暂停养老院探视
• 4月24日：要求各个城市每周检测5次	• 4月16日：《传染病法》扩大政府权力
• 6月17日：强制要求佩戴口罩	• 11月4日：餐厅和酒吧人数限制
	• 不强制佩戴口罩

图 3.6　两国早期疫情防控政策差异

对于突发流行病的不同应对方式，导致了两个国家在健康结果方面的巨大差异。在挪威，2020 年至 2021 年间每 10 万人的

第 3 章　关注当下行为，锲而不舍地实验

超额死亡人数为 7.2 人，属于一个相对较低的水平。同期，瑞典的超额死亡人数则是挪威的近 13 倍（如图 3.7 所示）。[15] 在疫情前两年，瑞典每 10 万人的超额死亡人数为 91.2 人，低于西欧的 140 人，因为在西欧，更多种类的群体解决方案及政策解决方案会相互影响。

在瑞典及其他一些管控措施较宽松的国家，有人认为，在决定疫情防控措施时，有必要在生命损失与影响国民经济的限制流动政策之间进行权衡。在疫情暴发的第一年，挪威的经济发展远超瑞典，尽管由于挪威是主要的石油生产国，两个国家在经济方面并不属于完美的自然实验对象。[16]

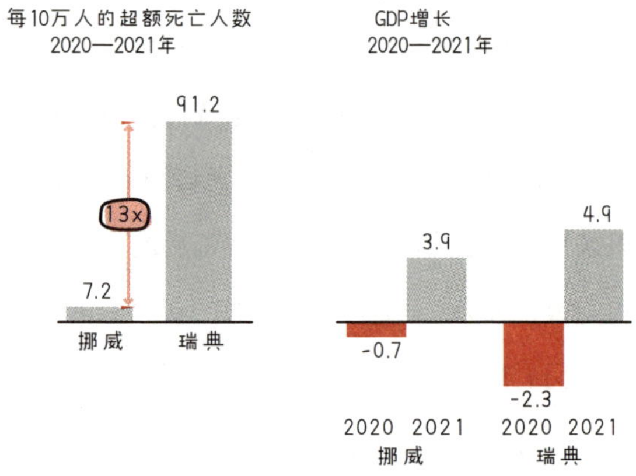

图 3.7　挪威和瑞典在超额死亡人数和 GDP（国内生产总值）增长方面的对比
资料来源：THE LANCET; THE ORGANISATION FOR ECONOMIC CO-OPERATION AND DEVELOPMENT.

国家在筹备应对意外事件，以及考虑应对计划的潜在实施效果时，需要考量许多因素。发生在斯堪的纳维亚半岛的这场自然实验，对于国家在后疫情时代应如何改进公共卫生准备工作，提

供了有价值的新数据。

探索就业与最低工资

几十年来，经济学家告诉我们，工资由劳动边际生产率决定。在工资分布的尾部，这种说法当然是正确的。例如，如果最低工资为每小时 100 万美元，我们可以肯定失业率会上升。美国的大型快餐店面对上涨的最低工资，会选择提高自动化水平。[17]但是，处于中间地带的数据是怎样的呢？经济学家戴维·卡德和艾伦·克鲁格计划找到这个答案。他们分析了 1992 年 4 月新泽西每小时最低工资从 4.25 美元升至 5.05 美元产生的影响，并调查了新泽西和宾夕法尼亚东部 410 家快餐店工资提高前后的情况。[18]这场自然实验的巧妙之处在于，宾夕法尼亚东部的快餐店可以被当作对照组，因为那里的最低工资并没有增加。这两位经济学家收集到两组数据波形，第一组来自每小时最低工资增长前，第二组来自新泽西的快餐店提高工资后的 6 个月左右。

卡德和克鲁格发现，即使工资上涨，新泽西的全职就业率相比宾夕法尼亚仍有所上升。二人研究了工资上涨对新泽西的劳动力需求产生了怎样的影响，调查了全职和兼职工作者的情况是否已经发生了变化，因为最低工资提高可能导致全职高薪工作者被取代。但研究结果表明，并没有明显的可以证明这种变化的证据。他们核实了额外补贴是否被削减，但也没有发现这种情况。他们还研究了是否存在雇主为了抵消最低工资的增长，缩减免费餐食或优惠餐食的可能性（雇主们并没有这么做）。但卡德和克鲁格发现，工资增长导致新泽西的物价上涨幅度高于宾夕法尼亚。

2021 年，戴维·卡德因对劳动经济学的实证贡献获得了诺贝尔经济学奖。他的研究突出强调了"双子城"、相邻的州或地理单元实行不同于毗邻地区的政策，可以如何为开展自然实验、解决重要的社会问题（如设定最低工资标准），提供有力的支持。

是什么造就了伟大的波尔多红酒？

每年 3 月，波尔多都会迎来大约 6 000 名前来参加期酒周的游客。在这里，红酒虽然尚在酒桶中，但未来两年的红酒价格已在合同中签订。据信，设立期货价格的历史可以追溯至公元 58 年，那时人们购买的制作红酒的葡萄还长在葡萄藤上。今天，波尔多红酒产业规模庞大：每年，酒标超过 200 张，红酒产量超过 5 亿瓶，拍卖价格可以达到每瓶 500 美元以上。红酒期货市场在红酒定价方面发挥了重要作用。理论上，期货市场要为买方提供折扣，确保红酒的可供性，并根据红酒的升值情况，为风险承担者提供良好的经济回报。因此，期酒价格必须可以有力地表明，这款红酒将逐渐成为价值不菲的佳酿。然而，期酒价格可以说明红酒的价值吗？

听听刚好钟爱红酒的普林斯顿大学著名经济学家奥利·阿申菲尔特怎么说。[19] 针对以年份设定价格是否能恰当地表明红酒的长期价值这个问题，他的回答很明确：不能！阿申菲尔特发现，比起作为可靠的长期价值指标，期酒体系的作用更像是农业收入稳定化系统。他发现，购买期酒可以为投资者带来 3% 的实际回报率。实际上，这是资本捆绑产生的回报，类似于大宗商品的期货定价。

阿申菲尔特的结论颠覆了专家们的常规观点和传统智慧。他的推论十分精彩。他选择关注的重点是，天气会如何影响红酒的品质和价格，因为"波尔多的天气情况可以构成一场绝佳的自然实验"。阿申菲尔特解释道："每年的天气变化足够大，葡萄的品质也有充分的记录（通过红酒价格体现），这足以展现天气对红酒品质的真实影响。通过研究以往年份的红酒可以很好地了解天气对品质的影响。"大体上，阿申菲尔特表示："波尔多红酒品质高的年份对应了 8 月和 9 月天气干燥的年份，在这些年份，葡萄生长的季节天气温暖，上一个冬季则较为湿润。"[20] 有了这项观察，他开始着手利用不同的变量衡量天气的影响，收集更清晰的数据。

通过这个方法，阿申菲尔特可以解释波尔多红酒平均价格的变化幅度何以高达 83%。作为一名经验丰富的经济学家，他研究出了基于数个变量的红酒价格多元回归模型。葡萄酒的年份是一个变量，可以解释 20% 的价格变化。不过，天气因素起到了主要作用。葡萄生长季节（4 月至 9 月）的平均温度、8 月的降水量（负值）、葡萄酒生产前几个月的降水量，以及 9 月的平均温度，都是重要因素。后来，他用一个等式总结了研究结果：

葡萄酒品质 =12.145+0.001 17 × 冬季降水量 +0.061 4 × 葡萄生长季节平均气温 −0.003 86 × 葡萄收获季节降水量

《福布斯》杂志报道称，品酒大师罗伯特·帕克对此不以为意，并表示："我不希望受邀去他家品酒。"然而，听从阿申菲尔特建议的人们通过和"庄家"对赌赚得盆满钵满。[21] 有趣的是，阿申菲尔特的数据不归任何一家葡萄酒生产商专有，诸多生产商和投资者均可使用。有了这个解决方案，你无须前往波尔多的期酒周，便可知晓葡萄酒的品质。

你会过度实验吗？

大约公元前 700 年，希腊诗人赫西俄德提出了凡事适度的名言警句。几个世纪后，爱尔兰剧作家奥斯卡·王尔德反驳称："适度是致命的。"他讥讽道："过度带来的成功无可比拟。"确实，过度实验是有可能发生的。做不做实验从根本上说取决于成本与利益。如果凡事都要实验，那么这可能只是另一种形式的风险规避。过度实验可能会导致事情陷入所谓的"试点炼狱"：这里充满了实验和测试，唯独扩大结果的下一步行动似乎永远不会展开。对物联网应用的一项调查显示，"有 84% 的企业陷入实验模式一年以上，28% 的企业陷入该模式两年以上"。[22]

扩展解决方案对于初创企业和新业务至关重要。解决问题时需要技巧，只有这样企业才能主动识别错误，避免从实验结果中得出笼统的结论，才能发现实验的间接影响。所谓的溢出效应会稀释优势。正如经济学家约翰·李斯特所指出的，"最后的规模化是最薄弱的环节"。[23] 优秀的问题解决者在设计实验时十分严谨：他们清楚自己要测试什么，测试对象如何与实验目标相协调，以及在此过程中如何快速修正实验路线。他们会找到那条关键路径，按照最快淘汰弱势选项的顺序进行实验。

SpaceX "起飞，测试，失败，解决" 的原则有助于减少出现 "试点炼狱" 的风险，可以为实验提供具有重要影响和价值的信息。如果信息不具备很高的价值，如果停滞不前的成本超过了继续前进的成本，那就继续前进。

该原则可以被应用于高科技以外的领域。你能想象一家非政府组织在准备快速失败吗？很可能不会。然而，大自然保护协会恰恰就是这样开展太平洋鲔鱼的可持续捕捞项目的。大自然保护协会需要快速获得证据，以支持扩展计划或修正行动路径，因此要通过实验测试多种假设。快速失败与这一目的完美适配。

在你的企业中关注当下行为

据我们所知，在战略和企业层面并没有针对当下行为的定义。但是，这种思维方法就像其名称一样，当我们见到当下行为，自然会知道它的含义。你的企业需要在多大程度上运用这种思维方法，由多个因素决定。以下是最重要的几个方面：

1. **评估企业是否需要不断开展实验。**你是否要做出影响重大的决策？你是否面临高度的不确定性？或者你是否相信自己拥有足够的信息继续前进？看一看自己在 "不需要" 到 "很需要" 不断开展实验的 5 档中处于哪一档。

2. **衡量你的实验频率等级。** 为了减少不确定性，目前实验的频率如何？完全不实验？做了一些实验，但是频率有限？不断地做实验？你能识别出自己正在开展的实验吗？

3. **投资数字化和分析能力。** 从数据收集、数据管理到机器学习，这一切均可以帮企业获得领先的专有见解。与行业领导者相比，你的企业在数据分析能力方面处于领先、普通和落后水平中的哪一级？是否拥有可以开展实验和分析结果的平台？

4. **像贝叶斯一样。** 你的企业解决问题的方法是否基于假设？你是如何收集证据的？如果要进行实验，你要验证哪些假设？这些假设是否已在实验前清晰地列出？你们是否已讨论过各种可能性？这些可能性是如何得出的？你们是否根据新证据更新过关于可能性的讨论结果？

5. **明确阐述你的企业不做实验的原因。** 阻碍你的企业做更多实验的因素是什么？实验成本是否确实超过了收益？是否有方法降低成本或消除障碍？例如，是否可以用贝叶斯自适应实验替代成本高昂的随机对照实验？你的企业不做实验，是不是因为资源不足？还是因为企业文化总是促使员工迅速得出答案、找到解决方法？又或者是因为害怕失败？

6. **解析流程。**要用好当下行为这一思维方法，你是否需要审视产品设计、开发、营销等关键流程？这些流程是否过于"僵化"，所以不能快速提供答案，也无法提供省力的方法？为了促成更多的实验，是否有流程需要进行全面的改革？

7. **考虑结果。**你是否能说明在 12~18 个月内成功实践本章所讲的这一思维方法的标志是什么？在你知道哪些实验最具信息价值的情况下，你是否采用了贝叶斯法则讨论如何应对不确定性？你的实验频率是否会显著增加？我们是否能从创建新数据和新分析的过程中获得重要的洞见？

第 4 章

从不同的领域中汲取想法

广泛搜寻潜在的解决方案

一个钟表匠，一个奖项，一位国王

1707 年 10 月 22 日的夜晚，4 艘军舰在邻近康沃尔海岸的锡利群岛附近触礁，2 000 名英国水手因此失去了生命。这场因导航误差造成的人间悲剧被广泛讨论，在英国，人们因此而强烈地意识到"经度问题"的重要性，这是当时最亟待解决、难度最大的科学挑战。

由于无法确定经度（某一点在地球表面东西位置的地理坐标），几个世纪以来船长能依赖的只有他们所谓的"航位推算法"（仅凭直觉掌舵）。达娃·索贝尔写道："在大航海时代，即便有最称手的海图和罗盘，每一位伟大的船长也都有可能在海上迷失。""从瓦斯科·达·伽马到瓦斯科·努涅斯·德·巴尔博亚，从斐迪南·麦哲伦到弗朗西斯·德雷克爵士，都是凭借好运或上帝的恩典，机缘巧合地到达了某处。"[1]

1714 年 7 月，一切将发生改变。安妮女王批准了一项议会法案，任何人只要能够解决经度问题，将经度精确到半度或每天正负 3 秒，即可获得高达 2 万英镑（相当于今天的 150 万英镑）的奖励。

负责该奖项的第一届经度委员会成员包括备受尊敬的艾萨克·牛顿爵士，他表示，钟表法（利用精确的计时仪器来测量船只与已知经度的某地之间的时间差，以确定船只经度）在理论上是可行的，但他更倾向于使用月距法（通过观测月球与其他天体之间的角度来计算格林尼治时间，以确定船只经度）。拥有皇家天文学家头衔、因预测彗星而闻名的埃德蒙·哈雷，态度坚定，甚至有些教条。他认为，经度委员会"并不欢迎有人从机械角度解决它所认定的天文问题"。[2]

面对可观的奖金，以及经度委员会对机械解决方案的偏见，1727 年，钟表匠约翰·哈里森将精力转向了航海计时。他的目标是，发明一个可以在汹涌的海上精确计时的仪器。有了准确的时间，再通过其他方法掌握准确的速度，海员就可以知道航行的距离。1731 年，哈里森向委员会提交了关于航海天文钟的初步提案。4 年后，他设计出重达 75 磅的 H–1 航海钟，在前往葡萄牙里斯本的"百夫长"号航行中成功试用。最终，在 1759 年，哈里森制作出精密的 H–4 航海钟，直径减至 5 英寸[①]，并以此获得了奖金。

---

① 1 英寸 =2.54 厘米。——编者注

在接下来的 10 年间，哈里森卷入了关于奖金分配的争论中，其中一些争论颇为可笑。一次，皇家天文学家内维尔·马斯基林代表委员会来到哈里森的住所，拿着关于航海钟的逮捕令！直到 1772 年，在乔治国王的干预下，哈里森成功战胜了月距法的倡导者，用他的航海天文钟解决了经度问题。

经度奖这个故事很好地说明了，如何通过竞赛调动集体智慧，解决重要的未解之题。此外，这个故事还让我们看到了对解决方案来源的假设会如何阻碍创新，在这里，阻碍来自物理学家和天文学家，以及他们对经度委员会的影响。

专家可曾失去光彩？

经度奖的另一个启示是，我们需要对局外者的观点保持警惕，他们通常不具备传统的专业知识。就我们熟悉的管理咨询行业而言，我们早期请教的行业专家通常已经服务过众多客户，在进入咨询业之前早已在该领域有丰富的工作经验。他们通常会指导我们解决问题，以免我们浪费精力，掉进兔子洞，或忽视重要的问题。他们有一个大概的方向，可以告诉我们从何处寻找问题，以及基于他们对类似情况的经验，哪些解决方案有效，哪些无效。他们不仅能使我们的团队富有效率，还能使我们的客户安心，相信我们不是信口开河。然而，当回顾 20 年前共事的专家们时，我们发现他们普遍来自钢铁、石油、天然气以及银行业等几乎很少变化的成熟行业。

现在的问题是，即便是这些成熟行业同样在以前所未有的速度不断变化发展，行业参与者、行业技术以及竞争规则也不再一成不变。例如，钢铁产业面临着碳钢脱碳、生产"绿色钢铁"的巨大挑战，这些挑战会对企业的竞争力产生多大的影响，目前只有一个粗略的估算。石油天然气产业正在探索新技术（如水力压裂与深水采油），同时在减少对气候的影响方面，该行业所面临的压力也越来越大。去中心化金融，正在通过区块链和智能合约推动银行转型，苹果、谷歌和亚马逊等科技公司也在发展支付业务。那么，银行专家仍然了解监管规定和资本要求吗？或者，技术专家知道如何为数字钱包创建应用程序吗？

几乎各行各业的企业都面临着两条道路，要么自我颠覆，要么被新进入者颠覆。如果选择前者，企业就需要突破传统的专业知识，因为推动当今变革的创新无不需要新技术、新客户参与模式以及新商业模式。通常，这需要企业以截然不同的视角看待市场的边界，并且采用新方式构想并满足客户需求。这突出强调了要具备多元的视角，因为依赖静态的专业知识是存在风险的，这会导致你最终不得不回顾过去，解决业已存在的问题，而不是面向未来的问题。

想一想预测专家的辉煌业绩。菲利普·泰洛克的经历说明了，业余人士超越那些来自全球顶级智库的领域专家是一件多么平常的事情。我们在《像蜻蜓一样多角度看问题》一章初次提到的那些天才预测者，大多有较高的智商（排在前20%，但不到前1%），他们思想开放，求知欲强，热衷于多样性，是善于计算、讲求概率的思想家，能够随着实际情况的变化灵活地改变他们的观点。[3]

如果业余人士经常胜过专业人士一筹，那么科技同样可以超越领域内专家。例如，在医药行业，越来越多的证据表明，比起我们传统上信任的专家医生，依托人工智能的集体智慧可以为我们提供更准确的诊断。我们以黑色素瘤的诊断为例，来说明这一点。这是一种高度恶性的肿瘤，如果在早期发现，那么高达95%的病例都可被治愈。在最近的一项研究中，17 302张黑色素瘤和痣的图像组成了这种疾病迄今为止最大的数据集，人工智能的表现超过了来自德国12所大学医院的157名皮肤科医生。[4]同样，对超声心动图测试数据的分析表明，在预测未来心脏问题方面，人工智能的预测准确性比心脏病医生要高出50%。

专业知识的多样化还能帮助解决复杂的社会问题。在《像蜻蜓一样多角度看问题》一章中，我们看到，从传统观点出发，儿童肥胖问题被视为一个与营养、饮食、学校的热量供应和体育锻炼有关的健康问题（当然，这种看法有一定道理）。然而，在澳大利亚，由一名进化生物学家、一名具有儿童肥胖专业知识的儿科医生以及一名具有机器学习知识的贝叶斯统计学家组成的一支多元化跨学科团队的研究表明，实际上，母亲的受教育水平是决定儿童在8岁之前是否肥胖的最重要的变量。

何时使用专家，何时集结多元化团队，利用众包完成任务，你要如何决定？基于研究，这个问题的答案似乎主要取决于不确定性的程度。[5]当问题具有高度的不确定性且极度复杂时，我们应该从咨询专家转向求助集体智慧，因为和个人相比，集体可以发现更多或更好的解决方案。

乔伊定律

比尔·乔伊是太阳微系统公司（现隶属于甲骨文软件系统有限公司）的联合创始人。他创造了所谓的乔伊定律——"无论你是谁，大多数聪明人总是在为别人工作"。[6] 乔伊定律的逻辑推论是，必须想方设法找到那些聪明人。正如比尔·乔伊所言："最好是创造一个生态系统，让世界上所有最聪明的人都在你的花园里为实现你的目标而辛勤耕作。如果你只依靠自己的员工，那么你永远无法满足客户的所有需求。"

对于某些人而言，这种看待世界的方式令他们感到震惊。在我们的职业生涯中，我们一直在花费大量精力将最聪明的人聚集在企业内部，将我们自己与企业外部的其他专家联系在一起。这对企业如何解决问题产生了重大影响。如果我们要更多地依靠生态系统中的其他人，我们的招聘方式需要如何变革？我们是否了解如何整合真正多样化的团队？当创新需要新的竞争力时，所谓的专家应该扮演怎样的角色？为了使乔伊定律以及更广义的集体智慧发挥作用，我们应采取怎样的组织方式？运用乔伊定律的一个简单方法就是，绘制包括你在内的生态系统，看看你需要谁来为你工作（如图 4.1 所示）。

我们向软件公司 Zetaris 的创始人维奈·萨米埃尔请教，Zetaris 如何与规模比它大 100 倍的公司竞争。答案很简单，那就是以其他公司的集体智慧为基石。维奈说："我们将开放源代码作为我们的关系数据库；将开源的计算引擎 Apache Spark 作为统一的分析引擎；利用特斯拉官网上的自然语言处理算法；在数据方面使用我们自己的查询优化器。我们还拥有被科技研究公司高德纳（Gartner）认证的世界领先的分析数据虚拟化平台。"以上所有工具所需的资金不到 2 500 万美元。维奈的这家年轻公司正站在合作者的肩膀上，而这些合作者均在其公司的外部，而非其内部。开源软件是乔伊定律的一个特别案例，也是专业知识众包协作的完美典范。

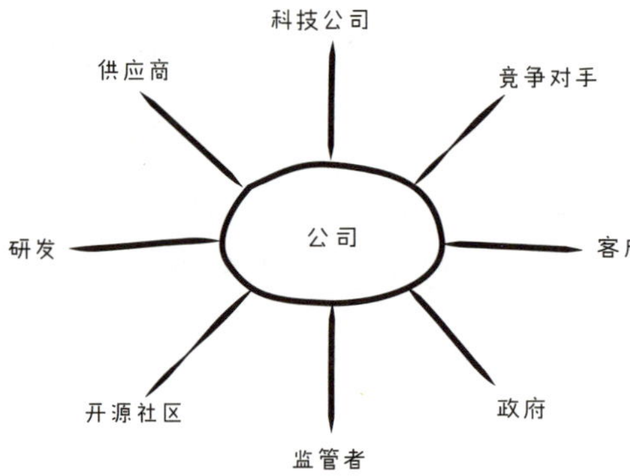

图 4.1　集体智慧的生态系统

　　然而，要实现比尔·乔伊的目标，建立一个让他人为你所用的生态系统，需要具备由一系列举措支撑的、汇聚集体智慧的思维方法。现在，我们来探讨一下这种思维方法的具体含义。

挖掘集体智慧

当在交谈中提到集体智慧时，通常会有许多认同的声音。"对，我们知道那是什么——集体的智慧就是猜罐子里有多少颗豆子。"[①] 我们认为，集体智慧的含义不止于此。我们发现，集体智慧在企业的竞争中起了关键作用。我们认为应该尊重专家，但是面对瞬息万变的规则，要对过去的观点保持怀疑。在自己的团队中，要采纳多样化的视角，要从企业外部寻求推动自我颠覆的多元驱动力。

针对如何挖掘集体智慧，我们提出的纲要包含三个分支（如图 4.2 所示）。第一个分支是，众包专业知识。它分为竞争性众包和协作性众包两种形式。竞争性众包包括有奖竞赛，协作性众包包括开源软件和大规模合作实验，例如寻找希格斯玻色子的大型项目。第二个分支是，集体智慧。集体智慧有多个层面，其中包括历史上的群体智慧。先人智慧就是群体智慧的一个子集。例如，在澳大利亚北部，原住民数千年来形成了所谓的"正确点火"的防火方式。第三个分支是，将人类解决问题的智慧与人工智能相结合。在合适的条件下（充足的数据、有限的不确定性），这种结合可以成为一种强大的集体智慧形式。

[①] 每个人对豆子数量的猜测可能不准确，但将这些猜测的数量加在一起并求平均值，得出的结果往往非常接近罐子里豆子的真实数量，这个现象说明群体能够比个体更准确地估计某些信息。——编者注

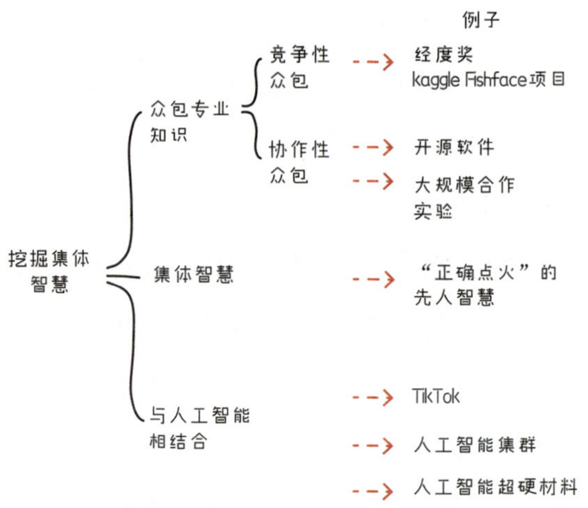

第 4 章 从不同的领域中汲取想法

```
                                              例子
                       竞争性  - - >    经度奖
                       众 包           kaggle Fishface 项目
          众包专业
          知识
                       协作性  - - >    开源软件
                       众 包    - - >    大规模合作
                                       实验

 挖掘集体
 智慧        集体智慧           - - >    "正确点火"的
                                       先人智慧


                              - - >    TikTok
          与人工智能
          相结合           - - >    人工智能集群

                              - - >    人工智能超硬材料
```

图 4.2　挖掘集体智慧

众包专业知识

竞争奖励

　　长久以来，奖金和竞赛一直都是激发创新的有效手段。1919年设立的奥泰格大奖，向实现纽约直飞巴黎的人奖励 25 000 美元，但是直到 5 年后也无人领取这笔奖金。于是，这个大奖的有效期被延长了 5 年，最终在 1927 年由 25 岁的查尔斯·林德伯格获得。他驾驶"圣路易斯精神"号单翼飞机飞行 3 600 英里，历经 33.5 小时，完成了这一挑战，彻底改变了航空运输史。

　　林德伯格是一位美国空邮飞行员，虽然缺乏人脉关系，但是充满热情，极具个人魅力。起初，他努力争取著名飞机制造商的支持，然而，制造商却要内定飞行员，很显然，他们的人选并不是林德伯格。但林德伯格越挫越勇，最终筹得了支持他设计和制

93

造单翼飞机的资金，包括由两名圣路易斯商人提供的 15 000 美元银行贷款、行业新贵瑞安航空公司提供的 1 000 美元，以及林德伯格自己的 2 000 美元。[7]

受到林德伯格故事的启发，1996 年，彼得·戴曼迪赞助了现代版的奥泰格大奖——安萨里 X 大奖。最初，安萨里 X 大奖设立的目的在于开创载人航天的新领域，首批获奖者是由传奇飞机设计师伯特·鲁坦领导的团队。今天，该奖项所涉领域已延伸至生命科学、勘探、能源与环境以及教育和发展等多个方面，单项竞赛主题包括海上油污清理、千兆吨级碳去除、消除贫困等。

目前已被谷歌收购的 Kaggle 同样是一个以竞赛奖金为基础的新型平台，旨在通过众包模式发现新的解决方案。Kaggle 为参赛团队提供数据集，团队可以用它来完成基于机器学习算法的实验。其中一项比赛吸引了 13 737 名参赛者，比赛要求他们在仅可查看旅客舱单和获救者名单的条件下，预测"泰坦尼克"号的幸存者。在比赛中胜出的算法聚焦于名字前没有"先生"称谓的人们，也就是妇女和儿童！这个简单的分组是成功的，正如我们所知，妇女和儿童可以优先使用救生艇。仅仅基于旅客舱单和获救者名单，机器学习算法便给出了正确的答案。

Kaggle 的许多竞赛聚焦于银行业问题，例如贷款违约和信用度相关的问题，参赛者需要开发出可以预测贷款违约、评估信用度的算法。传统上，这项工作由信贷人员负责，他们能力娴熟，是银行最有价值的员工，但是也往往存在人手不足的问题。现在，机器学习算法正在解决这个问题，算法经过贷款规模和借款人历史的大型数据集训练，不仅将比人类更准确，而且将消除制约银行发展的不良因素。

FishFace 与金枪鱼可持续捕捞

FishFace 是大自然保护协会一个项目的名称，该项目旨在利用机器学习识别渔船捕获的金枪鱼种类。它运用各种计算机视觉技术，对被捕鱼类的数量和种类数据进行自动化实时收集，使渔业管理者能够有根据地做出资源管理决策。该项目解决了渔业管理中一个长期存在的问题——就可持续捕捞配额而言，人们缺乏关于目标物种和非目标物种的捕捞量的可靠知识。目前，全球34%的渔场存在过度捕捞问题，另有60%的渔场无法承受任何额外的捕捞压力。[8]此外，大自然保护协会估计，90%的渔场都缺乏有效管理。[9]由于缺乏预防性管理框架，也没有便于核查可持续捕捞规定遵守情况的方法，自然资源保护主义者担心渔业将走向崩坏，这将给约30亿把海鲜作为动物蛋白重要来源的人带来灾难性的影响。大自然保护协会提供的解决方案是，将各种鱼类捕捞量的实时数据转化为一种风险管理工具，使大型渔场经营者能够确认其捕捞量是否符合可持续捕捞承诺及规定。这将使渔业的供应链可持续性核查与陆基农业相统一。

大自然保护协会在 2016 年澳大利亚谷歌影响力挑战赛中赢得了大众的投票，FishFace 项目的开展便起源于此。挑战赛的部分奖金被用于在 Kaggle 举办的竞赛中开发一种机器学习算法。这场竞赛的奖金为 15 万美元。参赛者要利用渔船上固定的摄像机收集到的视频数据，预测不同鱼类的数量。这场竞赛为期 5 个月，共有 2 293 支队伍参赛，是 Kaggle 最受欢迎的比赛之一。

比赛主办方为参赛者提供了 3 792 张图像作为训练数据集，以及 1 000 张图像作为测试数据集，这些图像都是由渔船摄像机拍摄的。参赛团队必须将鱼分为 8 个品种，其中包括黄鳍金枪鱼、长鳍金枪鱼、鲨鱼等。根据 1 000 张测试图像的结果，比赛主办方给出了一个公开的排行榜。在 GitHub 上，在公开排行榜上排名第三的费利克斯·余指出，根据视频数据开发算法有不少困难之处，因为在视频数据中，一些物种的样本很小，鱼鳍图像（一个重要的标识符）不清晰，并且海浪也会对图像造成影响。[10]

来到 2022 年，好消息是，FishFace 算法已经在印度尼西亚的一艘渔船上使用，准确率达 90%~95%，属于合规报告的可接受水平。下一步就是开发一种可以在海鲜捕捞量占全球 50% 的 10 万艘大型渔船上使用的最小可行产品。[11] 由马克·齐姆林领导的大自然保护协会团队正在与云计算的领导者——亚马逊 AWS 合作，开发解决海上数据上传问题的方案。

大自然保护协会的 FishFace 项目正在解决一个具有全球性意义的问题，借助模式识别学习引擎，利用实时捕获的数据，解决渔业管理长期存在的问题。这是调动竞争性众包的力量解决复杂问题的典范。

协作性众包——站在别人的肩膀上

Kaggle 及其他赛事平台都属于竞争性质的平台，它们常常吸取生态系统外部的想法。而开源软件开发则是协作性质的，将主要在生态系统内部的开发人员聚集在一起。无论企业规模大小，实力强弱，开源软件开发都可以使它们站在别人的肩膀上。经过大约 50 年的并行发展，开源软件和专有软件都取得了重大进步，并形成了一种共生关系。通常，核心基础设施的重大发展得益于开源开发合作，而"最后一英里"的定制化特定应用程序大多是在专有软件的基础上开发出来的。

在规模化软件系统中占有重要地位的 Unix 操作系统，自 20 世纪 60 年代以来就在协作开发与竞争开发两种模式之间来回切换。最初，这是通信巨头 AT&T（美国电话电报公司）、麻省理工学院以及通用电气之间的一个合作项目，旨在开发一个名为 Multics 的大型计算机分时操作系统。该项目形成了一些不错的想法，而 AT&T 却退出了合作，但是由肯·汤普森、丹尼斯·里奇等人组成的 AT&T 内部团队自己开发了一个系统，该系统最终被称为 Unix。

20 世纪 70 年代初期，该项目开始吸引外界的关注。按照常理，这或许会促使 AT&T 成立一个软件销售部门，对 Unix 操作系统进行商业化推广。然而，在经历了一场反垄断诉讼之后，AT&T 在 1956 年签署了一项同意令，同意反垄断诉讼的结果，包括 AT&T 不得开展提供公共运营商通信服务以外的任何业务。因此，AT&T 开始授权一些学术中心和公司使用 Unix 操作系统（但不向它们提供软件支持），它们只需要向 AT&T 支付很少的费用，甚至无须付费，即可使用该系统。这些偶然发生的事件综合起来，促成了几方长达数十年的合作，各方共同完成了对 Unix 操作系统的构建和编写。

Unix 操作系统的许可证持有者之一，是加州大学伯克利分校计算机系统研究小组，该小组开发了一个附加 BSD（伯克利软件套件）的 Unix 版本，该版本具有许多用户重视的功能。1983 年，事情出现了一个有趣的反转。针对 AT&T 的第二次反垄断诉讼废除了 1956 年的同意令，并允许该公司创建一个名为 System V 的 Unix 商业版本。但是，由于购买许可证价格昂贵，学术中心和各个公司都选择继续使用早期的协作升级版的 Unix 系统。其中一个版本就来自伯克利，是由乔丹·于巴尔联合创立的 FreeBSD。[12]

于巴尔认为，开源软件和闭源软件之间没有内在冲突，他相信这二者各有其作用，可以共存。

编写开源代码很像在乐队演奏。你也许在白天有一份工作，也许弹乐器只是为了娱乐，但有时你和朋友确实需要上台表演。你做这件事不是为了赚钱，而是因为在观众面前表演比在自己的车库里演奏更有意思。[13]

离开伯克利 10 多年后，乔丹于 2001 年加入了苹果公司的达尔文项目，负责管理其 BSD 技术团队。由于其基础代码在很大程度上源自公共协作，达尔文项目在开源环境中发展良好。直到今天，该项目的内核仍然是 Mac OS X 和 iOS 操作系统的基础，这也证明了专有开发与开源开发之间的兼容关系。先前建立的

Unix 和 FreeBSD 开发者社区，使该公司获益颇深。

过去 10 年，开源软件和专有软件始终保持着共生关系。世界上最大的开源基金会 Apache 软件基金会就是一个很好的例子。Apache 是一个志愿者社区，共有超过 49 万人加入，它免费向公众提供了价值约为 220 亿美元的开源软件产品。[14] 用于大规模数据处理的开源分析引擎 Apache Spark 等创新成果均来自 Apache 开源社区。

这种新兴的共生模式，可以辅助创建基础软件，也可帮助人们在开源软件的基础上搭建专有软件。有时候，它是"最后一英里"的解决方案，通过它，人们可以根据特定客户需求、云迁移策略等为客户量身定制软件。因此，这种模式可以推动快速创新和商业化。像 Zetaris 这样的新加入者也可以站在别人的肩膀上，与强者竞争。开源合作全靠志愿者，没有任何报酬，运转起来也较为混乱。然而，正是开源合作，为我们都离不开的软件建造了大部分的主干基础设施。

在开源软件的共生历史中，还有一个十分讽刺的故事：微软曾经一度被开源软件视为眼中钉（见下文），现在却成了开源项目的主要贡献者。微软于 2018 年收购 GitHub，站到了拥有约 7 300 万名开发者的开源存储库的中心位置。[15] 在微软及其他许多软件企业中，乔伊定律发挥了重要作用。

六个方法，解决难题

> ## 个人计算机商业软件"成长的烦恼"
>
> 1976 年，微软联合创始人比尔·盖茨和保罗·艾伦（两人也是高中校友）发布了他们为 Altair 8800 个人计算机开发的操作系统 Altair BASIC。尽管用户群的反馈十分积极，但是出现了一个问题：90% 的用户都盗用了该软件！盖茨十分懊恼，给社区写了一封公开信。
>
> "硬件必须付费使用，但是软件却可以免费共享。谁会在意开发软件的人是否获得了报酬呢？这样公平吗？有人会无偿地从事专业工作吗？"[16]
>
> 盖茨在 Altair BASIC 事件中的经历很好地反映了当时的紧张局面，即在"共享"软件成为常态的时代，对如何有效利用个人计算机的不同观点之间的较量。这种紧张的局面催生了一个授权软件和专有软件的时代，微软也由此诞生。很快，在商业市场上，为商业生产而使用的软件均变成了专有软件。

集体智慧

先人智慧："正确点火"

想象一下，在澳大利亚北部，你坐在一架直升机上，旁边是一位土著护林员，你们正在向一台机器投入乙二醇燃烧弹，每枚燃烧弹大约有一个高尔夫球那么大。这台机器将这些迷你燃烧弹扔到下面的热带大草原上，形成一团团小火。你在座位上，可以直接了解土著护林员与自然资源保护组织之间的合作关系，其中就包括澳大利亚大自然保护协会，罗伯特是协会的受托人。澳大利亚重新启用了这种有数千年历史的防火术，现在这种防火术已在全澳推行。

与以灭火为主的现代西方消防管理不同，数万年来，澳大利亚土著全靠旱季早期焚烧进行防火。土著将这种防火方式称为"正确点火"，它有利于土地管理，预防灾难性的大型火灾。我们将这种集体智慧称作"先人智慧"，这也是一种被忽视或被遗忘的古老解决方案。

现在，超过1 000名土著护林员管理着澳大利亚北部1.2亿公顷①的热带稀树草原。他们故意点起的大火实际上可以修复土地，虽然也存在着风险。埃尔德·奥托·坎皮恩称："如果我们做错了，野火会使情形变得更糟，针茅会再次生长，我们的肉类来源，比如袋鼠，也会受到影响。"20多年来，他一直领导着消防队进行旱季早期焚烧。[17]他还强调了焚烧热带稀树草原对文化习俗、环境、民生和社区的影响。

自从人类创造了时间以来，我们就与火共生。火将我们与家庭和故土相连。我们用火制作食物。我们在入会仪式上用火治愈创伤。掌控火，我们才有这一切。国家告诉我们，火季即将来临，这不是我们能在日历上标记出的一天或一个月。我们观察风向、雨水和草地的变化，才能知道燃烧的合适时机。我们的长辈告诉我们'把火烧好'。我们听进去了。

---

① 1公顷 =10 000平方米。——编者注

西方科学通过现代实验，测量热带稀树草原的温室气体排放量，用卫星测绘显示火灾的范围和强度，对这一代代相传的做法进行补充。与没有使用旱季早期燃烧方法时相比，重新推行这种防火术后，温室气体排放量有所减少。而温室气体的净减排量可以生成碳信用，澳大利亚政府会对生成的碳信用进行登记。这些碳信用可以出售给政府，也可以在自愿碳市场上出售。

与此同时，自然资源保护主义者赞扬这种方式对动植物的积极影响。这种燃烧方式不但为鸟类和动物在燃烧地带之间提供了安全通道，还能促进植物和种子的生长。这种方式带来了多方面的好处，是集体智慧的完美体现。

热带稀树草原占地球陆地面积的 16%，不仅存在于澳大利亚，也存在于非洲、南美洲和亚洲部分地区，是地球上最容易发生火灾的植被之一。

在过去 10 年间，在澳大利亚北部，重新启用旱季早期焚烧方法后，情况已有了重大改善。

2021 年，在高降雨量地区，由于使用了传统焚烧方法，野火基本上已经消失了。这种转变非同寻常，恐怕是我们所知的地球上最重大的变化之一。另一个变化是，与 10 年前相比，低降雨量地区的晚季火灾已经大幅减少。我们还可以发现，一些碳项目正在向低降雨量地区延伸。

这一切，都是因为澳大利亚政府认识到，土著居民在这片土地已有数千年的管理经验，人们理应回归传统的防火和土地管理方法，将其与现代科学相结合。这是集体智慧的完美体现，它会造福于气候、自然和人类。

与人工智能相结合

集体智慧越来越依赖于人工智能。《大思维》(*Big Mind*)的作者杰夫·摩根承认，最成功的集体智慧案例是人类与机器的结合。[18] 人类与机器的连接对于解决问题越来越重要。摩根表示，"将大量的机器与人类连接起来，有可能使人们以前所未有的方式思考和解决复杂的问题，并且更快地发现问题，以全新的方式整合资源"。统计学家格尔德·吉仁泽普及了用简单的启发法解决问题，像他这样的统计学家恳求我们不要"将计算能力与人类智能等同起来"，并提醒我们"训练神经网络习得常识仍然是一个难以突破的挑战"。[19] 人工智能辅助集体智慧解决问题的理想情况是，条件相对稳定，不确定性较低，数据可得性较高……以及不需要使用常识。

TikTok 与 Quibi 的对比

Quibi 就像一颗你可能已经错过的流星。2020 年 4 月，该公司声势浩大地上线了短视频流媒体平台，但在同年 12 月 1 日，便走向了解散。该公司的一线投资者包括阿里巴巴、迪士尼、谷歌、国际投资银行高盛和电影公司 21 世纪福克斯。在短短几个月里，它们投资了 17.5 亿美元，也损失了超过 10 亿美元。Quibi 还拥有全明星管理阵容，由曾任易贝和惠普首席执行官的梅格·惠特曼以及曾任华特迪士尼工作室主席与梦工厂动画公司首席执行官的杰弗里·卡岑伯格领衔，[20] 并且掌握来自网飞和亚马逊工作室的流媒体内容专业知识。这是一支深谙市场需求的专家团队。

Quibi 怎么会出错呢？就像联合创始人杰弗里·卡岑伯格所言，Quibi 之所以失败，是因为"有关公司的一切都在逆水行舟"。[21] 他认为，新冠感染疫情削弱了 Quibi 对 25~35 岁客户群的吸引力，因为他们在白天不再只局限于使用移动设备。Quibi 专注于提升其设计和功能在便携式设备上的易用性、发展内容收费及禁止共享内容。2020 年第二季度，该应用程序的下载量达 450 万次，发展态势向好。然而，截至 2020 年第三季度，Quibi 的付费用户仅有 71 万。免费试用期满后，90% 的早期用户都流失了。该公司的价值主张显然不足以成为经常性收入的驱动力。

随着短视频内容竞争对手 TikTok 的崛起，Quibi 的失利体现在多个层面。最重要的一个层面是，Quibi 采用的是基于专家的内容策划模式，它逊色于 TikTok 基于人工智能的众包内容策划模式，后者 2020 年第一季度的报告显示其下载量为 3.15 亿次。确实，克利斯钦·史塔德勒在剖析 Quibi 事件时表示："Quibi 失败，就是因为公司的管理层拒绝将 TikTok 视为其头号竞争对手。"[22] 而 TikTok 为什么可以构成如此强大的威胁呢？答案是，TikTok 选择拥抱用户的集体智慧，并利用人工智能对用户提供的内容进行高度复杂的策划，这与 Quibi 依靠专家对有限的流媒体内容进行策划形成了鲜明对比。无论是好莱坞明星，还是科技精英，都在这家公司面前败下阵来。

2016 年，TikTok 的基本设计理念是长度为 15 秒的配乐视频，通常还配有舞蹈或"病毒式挑战"。世界各地的年轻人都爱上了 TikTok，发布的内容也开始越来越有创意。TikTok 的成功之处在于，根据用户对特定内容的偏好进行微策划，注重界面体验，向用户提供随时随地的娱乐消费。能做到这一点，仰赖于高度优化的、可以迅速响应每个用户的人工智能算法。人工智能会在用户的"点赞"视频、回放视频、快速滑动视频以及分享视频的基础上发挥作用。TikTok 会基于对用户话题标签、用户画像及反馈数据的分析，生成实时流量分布，并在受众细分的基础上，根据参与度对用户进行分层。这项技术可以预测新趋势，通过操控诱人的娱乐菜单，源源不断地推出精彩纷呈的视频流。

面对这样一个能够即时响应社会趋势的社交媒体平台，Quibi 难以与之匹敌，其基于订阅的收入模式也很难赢过依靠付费广告盈利而对用户免费的 TikTok。TikTok 通过将用户转移到应用内的线上商城，最终创造了额外的收入来源。2021 年，在上线约 5 年后，TikTok 的全球月活用户已达 10 亿。相比之下，社媒平台"照片墙"（Instagram）历经约 8 年才迎来 10 亿用户里程碑（如图 4.3 所示）。

当我们反观集体智慧的演变历程时，众包输入与机器学习引擎的结合最值得我们关注。TikTok 就是一个鲜明的例子。

TikTok 与 Quibi 的竞争凸显出二者在解决问题方面的鸿沟，这也是本章的核心主题。Quibi 采用的是形成于工业时代的旧模式，需要由技术专家提供支持，建立小规模团队，管理人员均接受相似的培训。而 TikTok 采用的则是全新的模式，以即时学习多样化的客户体验为特点，充分利用基于人工智能的人机界面，来为客户提供内容。在这个新时代，运用集体智慧才是赢得竞争的根本，旧时代重视的专业知识已退居次要地位。

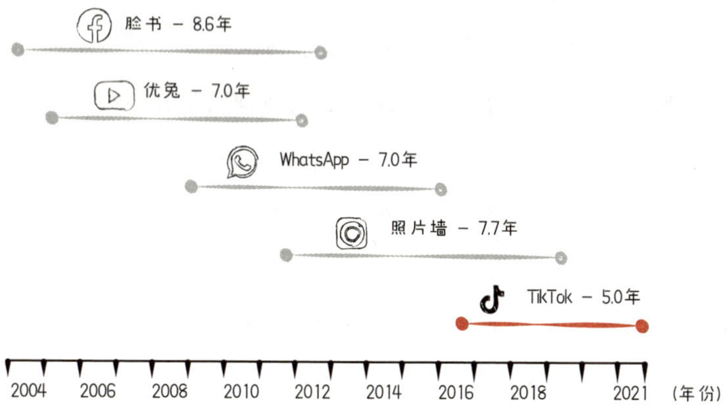

脸书 – 8.6年

优兔 – 7.0年

WhatsApp – 7.0年

照片墙 – 7.7年

TikTok – 5.0年

2004　2006　2008　2010　2012　2014　2016　2018　2021　（年份）

图 4.3　从上线到拥有 10 亿用户的时间
资料来源：STATISTA; *THE ECONOMIST*.

人工智能集群

借助人机协同能力，个人与团队相结合的形式正在快速发展。让我们以人工智能"集群平台"的预测结果为例，说明这一点。在预测 50 场英超比赛结果的竞赛中，集群参赛者预测获胜队伍结果的准确率为 72%，而普通群体或个人参赛者的预测只有 55% 的准确率。这表明，参赛者在与人工智能集群连接后，其准确率提高了 31%。[23] 上述两种预测过程的差别在于，集群参赛者是实时"共同思考"，基于算法进行交互，最终得出解决方案。自然界中的蜜蜂、鱼群或鸟群能够形成复杂的集群行为，这种行为所能达到的效果有时可以超越个体行为。人们试图模拟这种集群行为，以解决现实世界的问题。这个领域的领导企业是Unanimous AI，该公司将集群描述为大脑的集合，它能够达成超级智能的成果，并且表现得比所有个体成员都出色。

那么，人工智能集群与深度学习相比孰高孰低呢？斯坦福医学院的一项研究发现，使用集群人工智能算法的医生在诊断方面的准确率，比最先进的深度学习算法（仅凭历史数据做出的诊断）准确率高22%。很明显，人类与集群连接产生的结果令人鼓舞。人工智能公司 DeepMind 对人工智能 Alpha Code 的开发取得了重大进步，Alpha Code 编写计算机代码的能力已达到相当有竞争力的水平，可以在编程比赛中排名前54%。[24] 本着宣扬集体智慧的精神，DeepMind 将问题和解决方案的数据集在 GitHub 上公开，以促进在问题解决和代码生成方面的创新。

在一分钟内与 5 000 名专家通话

有一家超硬材料公司正在寻求新的增长领域，于是选择了专家 + 机器的发展方式。[25] 超硬材料是指像钻石这样的、用于切割的、在维氏硬度实验中测量得到的硬度值超过 40 吉帕斯卡的材料。超硬材料通常为硼－碳－氮化合物。该公司先在专家的帮助下建立了正确的搜索术语库，之后再利用自然语言编程人工智能进行下一步的工作。公司团队利用 Spark Beyond 公司（以快速收集和分析大数据并从中发现最优解见长的以色列初创企业）的平台，识别超硬材料发展趋势，确定哪些领域出现了新专利，这是预测新产品的首要指标。该平台帮助这家公司确定了纳米钻石等高增长潜力领域。纳米钻石是尺寸小于1微米的钻石，常被用于制作抛光剂及机油添加剂。麦肯锡咨询公司的团队负责人萨莎·维苏瓦拉协助该公司完成了这项任务，在谈到该人工智能平台的价值时，她表示："你可以这么想，这个平台能够在几分钟内与数千个专家通电话。只要还有信息，它就会找到答案，因为它有着惊人的阅读速度。"[26] 新产品分析结果可以加快企业增长的节奏，这对于私募股权所有者来说尤为重要。

上述由人工智能驱动的集体智慧案例展示了一系列应用广泛的问题解决过程。传统上专注于问题解决的内部团队模式依然在发挥重要作用，但即使是最资深的专家，也要利用便捷的集群平台正视自己的观点。

也就是说，虽然人工智能和机器学习将成为人们熟悉的集体智慧工具，但是它们也做不到百发百中，正如我们在新冠感染疫情暴发初期看到的，人工智能和机器学习未能对治疗方案的制定起到较大的辅助作用。当不确定性较高、数据较少时，人工智能的模式识别能力也会很弱。

同样，众包的集体智慧也有其局限性。托德·罗斯提醒我们警惕集体幻觉，即个人用自己的观点迎合他们所设想的集体愿景时产生的幻觉。[27] 例如，1637 年的郁金香狂热，当时郁金香的价格超过了同等重量的黄金。他还谈到了美国的气候变化问题，指出私人观点与公众观点差距很大：个人将气候变化列为第三大最重要的问题，而公众对气候变化问题的排名则是第 33 位。避免集体幻觉的方法就是不断提出"为什么"，做拥有好奇心的孩子常做的事情，常问"这是真的吗"，避免穿上"皇帝的新装"。

在你的企业中运用集体智慧

如果企业将创新资金的 20% 用于开发利用集体智慧的解决方案，如 Kaggle 竞赛，会发生什么？或者，采取合作伙伴模式，效仿与大学以及勇于冒险、创新的生物技术公司合作进行药物研发的制药公司？随着企业外部的集体智慧被用于帮助我们解决最艰巨的难题，我们很可能会看到爆发式的创新高潮。正如比尔·乔伊提出的，我们将看到大批人才在我们的花园里辛勤耕作。乐高邀请数百万用户设计新积木和工具包，开创了新产品开发的一种新模式。加拿大的一家黄金公司 Goldcorp 推出了关于去哪儿发现黄金的邀请提议，并开放了它的地质数据集，这可能会成为众包研发的另一种模式。

采用集体智慧的思维方法可以开创解决问题的新方式。如果企业各级主管可以践行这种思维方法，将对开创人们广泛采纳集体智慧的未来大有助益。以下是一些启动措施。

1. **阐明尚未解决的重大问题，如果将其解决，将对企业业绩或业务增长产生显著影响。** 创新始终是首席执行官和董事会的首要任务之一。尚未解决的问题很可能蕴含着高度的不确定性，而某些形式的集体智慧恰好适合应对不确定性。企业可以通过开设竞赛平台，或者开展类似开源软件开发的合作，来找寻是否存在众包专业知识的机会。

2. **描绘生态系统，识别创新方法。**集体智慧的解决方案，常常源自企业身处的大生态系统。绘制生态图谱往往可以使新视角和新能力显现出来。大自然保护协会虽然明白鱼类保护工作需要对捕鱼情况展开电子监控，但是却缺乏相关的能力。协会对人工智能和机器学习的发展有所了解，但是并不确定其是否能构成切实可行的解决方案。通过一场 Kaggle 竞赛，它得到了一个准确率高达90%~95% 的、可以展现出集体智慧的解决方案。

3. **处理影响集体智慧发挥作用的障碍。**如果集体智慧在企业中没有发挥出潜在的作用，可能只是因为企业中存在一些障碍。这些障碍可能是，知识产权或许可证方面的制度缺陷（为了奖励创新的解决方案，企业需要对它们进行审查），或者，缺乏形成集体智慧解决方案的资源。例如，如果想效仿乐高，请客户众包设计新积木产品，企业就需要部署资源和团队来完成对新设计的回应、评估，并决定是否采纳。此外，障碍还可能是，在改变过去有效的工作方式时带有单纯的偏见，例如，认为外部投入只能来自专家咨询委员会。最后，企业对集体智慧辅助解决问题的方式了解太少，可能也是一种障碍，尤其是在企业没有人工智能 / 机器学习经验的情况下。

4. **从社交层面推动创建集体智慧。**团队建设和团队行为至关重要。在工作中，你的团队是否鼓励公开辩论、换位思考？团队成员是否多样化？团队是否要求资深员工最后发言，而不是首先发言？不要忘记，集体智慧的反面是，由从众心理和群体思维导致的"集体幻觉"。

5. **请回答这个问题："真的有许多外部人员在我们的花园里辛勤耕作，带领我们获得更好的业绩吗？"**澳大利亚北部的例子可以给我们启发，现在那里的消防管理借鉴了来自 6 万年前的先人智慧。非营利组织和企业只有以这种方式从其身处的行业和生态系统中汲取智慧，它们对集体智慧的投入才能得到回报。

第 5 章

不完美主义

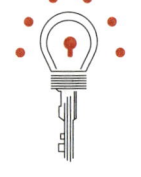

拥抱风险，通过试错吸取经验

把赌注押在闪闪发光的金属上

2007 年，在汤姆·阿尔巴内塞刚刚担任力拓集团（Rio-Tinto）首席执行官短短几个月后，公司便迎来了一个动荡不安的局面。力拓是全球历史最悠久、规模最大的矿业公司之一，不久前其最大的竞争对手必和必拓（BHP）提出了收购它的意向。力拓拒绝被收购，阿尔巴内塞则倍感压力，立即着手开展大规模的战略举措。他将目光锁定在加拿大首屈一指的铝业公司——加拿大铝业集团（简称加铝）上。彼时，铝的价格为每磅 1.2 美元，创 35 年以来的新高，这预示着很高的市场风险。力拓十分倚重铁矿石，而铝似乎是更适合未来的金属，它轻质、耐腐蚀，可用于制造从汽车到飞机等各类产品，用途十分广泛。虽然中国显然也在准备加入全球铝金属市场，但是阿尔巴内塞认为，加拿大保持在低水平的水力发电成本将使加铝具备持续的优势。

采取什么行动？据说，力拓董事长在听取阿尔巴内塞的汇报后，也认为应该为公司的战略架构再添一根支柱。于是，阿尔巴内塞决定倾尽全力，向加铝发出收购提议。不巧的是，有两家竞争对手——淡水河谷公司（Vale）和美国铝业公司（Alcoa）也提出了收购意向，力拓迅速陷入了争夺加铝的混战中。最终，力拓以 380 亿美元现金的天价完成收购，该价格超出收购前加铝股价的 60%。力拓当时的市值也不过 900 亿美元，此举无异于孤注一掷。若想偿还债务和利息，证明收购的合理性，力拓需要产生足够的现金流，铝价也必须维持在高水平，因此，力拓需要扩大生产，削减成本。这次收购可谓豪赌中的豪赌。

然而，最终的结局却是一败涂地。2008 年，全球陷入严重的经济危机，铝价下跌近 40%。中国的企业以低廉的金属价格横扫市场。力拓背负着 400 亿美元债务，战略选择十分有限。而当危机消散，经济进入一段较长的增长期时，力拓却不得不将精力放在偿还贷款上，无暇发展业务。直至 2012 年，力拓已对加铝减记 200 亿美元，相当于当时收购价格的一半。与此同时，力拓面临着严酷的选择：发行 150 亿美元新股，稀释股东股份；或者，与强大的竞争对手中国铝业集团建立合作伙伴关系。2013年 1 月，力拓董事会宣布阿尔巴内塞卸任首席执行官一职。

10 多年后，力拓的市值依旧未能重回 2008 年的水平。如今，它位列三家中国企业之后，为全球第五大铝生产商。力拓也是全球第二大铁矿石生产商，第一名为巴西的淡水河谷。在力拓的销售收入中，铝的占比从 2008 年的 41% 降至 19%。15 年前那场豪赌的阴影久久不散，依然笼罩着这家公司。

拥抱风险的思维方法

汤姆·阿尔巴内塞没有规避风险，反而在商品价格达到峰值时一头扎进收购的豪赌中，差点儿使公司覆灭。这些表现说明，阿尔巴内塞对于他的战略计划以及战略的风险水平或成功概率缺乏充分的了解。当然，在这方面，阿尔巴内塞绝非个例。历史数据显示，企业并购带来的收益常常惨不忍睹，特别是核心业务以外的转型性收购。根据《哈佛商业评论》发布的一项分析，70%~90%的并购均以失败告终。[1]

在本章中，我们将探讨在风险规避和冒险豪赌之外的第三种战略选择——以不完美主义者的姿态拥抱风险。不完美主义者不会一味等待完美的行动时机，但是也不会盲目行动。你或许听过一句名言："你也许对战争不感兴趣，但战争对你兴趣甚浓。"这句话常被误认为出自列夫·托洛茨基。即便你选择的行动就是不行动，不行动也可能产生严重后果。你也许还没准备好面对风险，但是风险已准备好向你袭来。伟大的19世纪德国军事战略家老毛奇写道："在第一次遭遇敌人主力之后，没有什么确定的作战计划可以一直用下去。"拳击冠军迈克·泰森的说法更为简练："每个人都有一个计划，直到被一拳打在脸上。"[2]迈克·泰森是一个不完美主义者！

风险规避的真实成本

在 20 世纪 70 年代有关风险决策的突破性实验中，丹尼尔·卡尼曼及其同事阿莫斯·特沃斯基发现，人们普遍认为损失大于收益。[3]由于历史上人类在了解事物的过程中吃尽了苦头，这种对犯错的规避心态已经根深蒂固。时至今日，人们在解决问题时仍然会受到这种心态的深远影响。

我们的朋友丹·洛瓦洛教授与他的合著者发明了风险规避税一词，以解释遍布公司各个层级的风险规避现象。[4]风险规避税，指管理者基于概率应该做出的选择与实际做出的选择之间的价值差。洛瓦洛提供了多个案例来展示管理者即使在胜率明显的情况下仍然会做出规避风险的选择。例如，洛瓦洛及其合著者蒂姆·科勒为了评估风险规避情况，向 1 500 名管理者提出了一个假设：[5] 投资 1 亿美元，预计 3 年收益可达 4 亿美元，但是，也有可能在 1 年内赔光所有投资。他们向管理者提问："你可以接受的最高投资失败概率是多少？"根据概率论，4 亿美元的 1/4 相当于 1 亿美元的投资，因此仅需 25% 的成功概率即可实现损益平衡。然而，参与调查的管理者有不同的看法，他们仅能接受 18% 的失败概率。在这个案例中，风险规避税高达 57%。导致管理者如此谨慎的原因绝非投资的数额。研究人员在一项投资 1 000 万美元，潜在收益为 4 000 万美元的实验中，也得到了相似的答案。

你或许认为，该问题仅存在于理论层面。事实上，洛瓦洛对一个真实的公司案例进行研究后发现，实际的风险规避税或隐藏税占该公司在一年中全部投资的经济价值的 32%。在企业和非营利组织中，风险规避是一个事实，与失败的战略行动相比，风险规避的成本虽然较为隐蔽，但却是真实存在的。

无论何时，在高度不确定的环境中制定战略都是一件极富挑战性的事，尤其在你想要在核心业务或核心能力之外开疆拓土的时候。竞争格局总是变幻无穷，聪明的公司会选择拥抱风险：先采取小规模行动，了解相邻市场不确定性的界限；最终，实施大规模举措，在资产和能力方面形成有利布局。聪明的公司通过建立合作来分担风险，在可能的情况下它会规避风险、转嫁风险。就并购而言，相比一次性的大规模兼并，企业如果通过有计划的收购逐步开拓相邻市场，将会有更大的概率取得成功。[6] 我们将这种不确定情况下的战略发展规划称作增长阶梯或增长地平线，这是我们与同事在多年前共同得出的研究成果。[7] 该增长框架不仅可以用于商业企业，对非营利组织也同样适用。

拥抱不完美主义

具备不完美主义思维的领导者在执行有风险的战略行动时，都会保持谦卑，容忍不确定性。他们的行动不只是为了成功，其目的还在于学习。他们会如实地评估过去的行动及其结果。他们知道，需要辨别的是*决策*的好与坏，而不是*结果*的好与坏，这一点十分重要。

然而，大多数决策者很容易将好结果与好决策混为一谈。当结果是好的时，我们通常会认为这得益于成功的解决方案；而当结果不好时，我们便会将其归咎于运气不佳（如图 5.1 所示）。在心理学上，这种情况被称作基本归因误差。这听起来是否似曾相识？你是不是想到了你的表弟说起美国大学生篮球联赛决赛时他认为哪支球队会获胜？即使我们努力地进行冷静客观的分析，也很难知道或者不太可能知道我们的决策会带来何种结果。

例如，我们投资了一只股票，其股价上涨了，原因可能是我们精明地洞察了这家公司的竞争地位，也可能是某个纯粹的外部因素提振了这只股票所在的整体板块（比如，原材料的定价发生了变化）。同理，当我们在随机的或不确定的环境中得到一个坏结果时，我们解决问题的方法也可能是恰当的，只是我们确实不够走运。

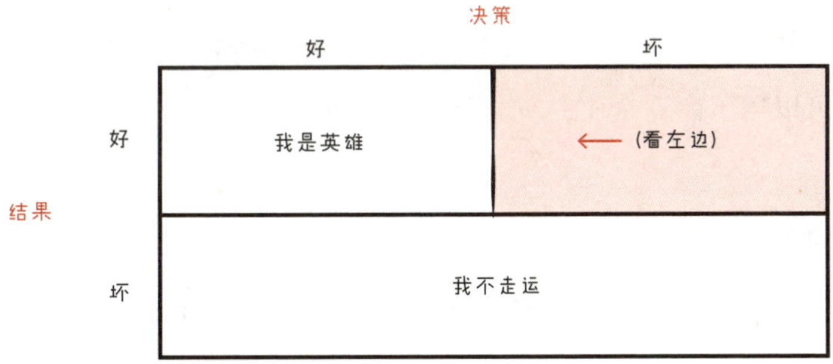

图 5.1　需要辨别的是决策的好坏

　　培养不完美主义思维的难点在于，你要在已知结果的情况下审视每一个决策。你要从结果中尽可能地梳理出，哪部分的成功或失败源于解决方案，哪部分源于其他因素，如方案的执行方式或者单纯的随机事件。在可能的条件下，你可以找思想伙伴和你一起评估决策。你要确认，之所以出现这样的结果，真的是因为运气不好，还是因为你在问题建构时忽略了某个因素？能够给予建设性意见和反馈的朋友（以及有效的决策程序）可以很好地帮你对抗无所不在的证真偏差。

　　作家兼金融交易员尼古拉斯·塔勒布早就指出了关注战略性

解决方案的肥尾分布及其他非正态分布的重要性。[8] 当针对潜在结果进行窄带和正态分布的建模时，我们可能会被异常事件干扰。在有些情况下，排除小概率事件是合理的做法，这是因为维持多种策略的成本过高。但是，意外事件实际上会频繁发生。如图 5.2 所示，股市收益的分布实际上并不完全是正态分布，也就是说，出现了许多影响股市的重大事件。

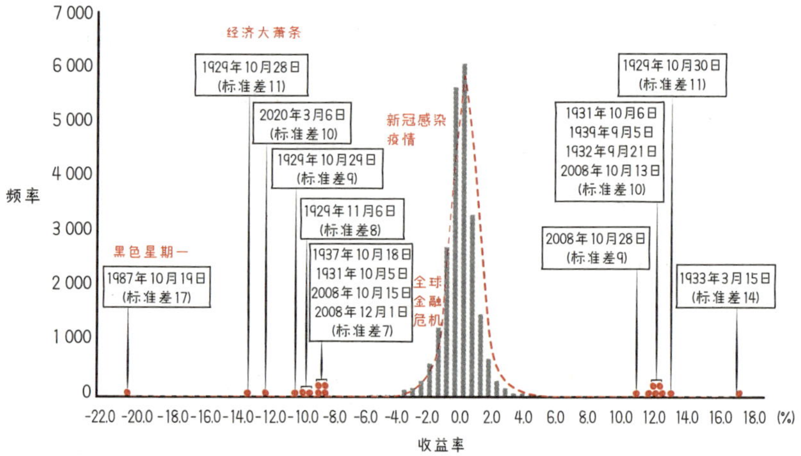

图 5.2 标准普尔 500 指数收益率分布（1927 年 12 月—2022 年 2 月）
资料来源：MAKENA CAPITAL MANAGEMENT.

乐于学习新事物的决策者可以更好地洞察结构与概率，了解游戏规则，并且根据不断发生的事件更新初始的观念。安妮·杜克对比了证实性思考与探索性思考，前者指无论结果如何都要强化内在信念，后者指对于替代性假定及假设进行开放式的审视。[9] 在团队合作中，尤其是在具有多元背景和技能的团队中，我们通常鼓励探索性思考。菲利普·泰洛克已经表明，在复杂的预测

六个方法，解决难题

中，团队的表现总是胜过个体的表现，甚至胜过被他称作"超级预测者"的个体的表现。[10]

建构不完美主义战略

有效的不完美主义战略分为两大类。第一类战略鼓励我们直面风险，包含三个方面：一是有助于你的企业为应对风险而获取信息和构建能力的行动，如亚马逊采取的风险较小的举措；二是有助于你的企业在瞬息万变的商战中机智地见招拆招，提升企业战略地位的举措；三是能够使你在风险中做出明智的大动作的策略。第二类战略，包括保险、对冲及战略合作伙伴关系，可以使你将风险转嫁给更有承受力的一方。这两类战略共同构成了图5.3 所示的不完美主义战略框架。

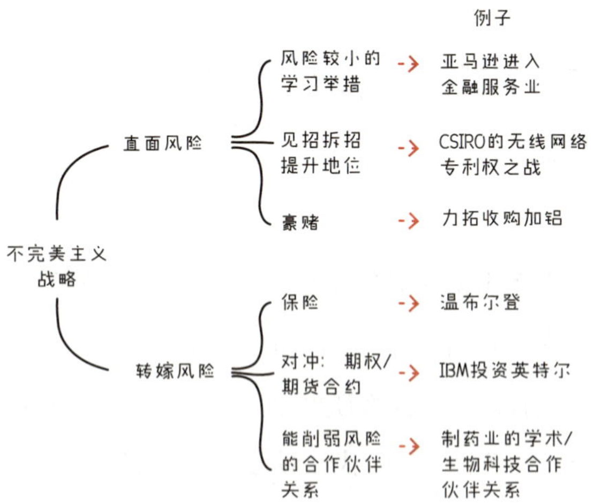

图 5.3 不完美主义战略

122

直面风险

贝佐斯的赌注

当回顾亚马逊如何在过去 15 年中，挺进充满风险、竞争激烈的消费金融及商业金融服务市场时，我们会感到它的巨大成功似乎是命中注定的，实则不然。亚马逊的成功得益于通过招兵买马和兼并收购，逐渐加深对金融市场的了解，并积累了相关能力。最终，一个多渠道的外部电子商务平台闪亮登场，它既能服务于亚马逊的核心业务，又能作为一个独立业务为亚马逊带来丰厚的利润。不过，虽然结果可喜可贺，但过程中也难免失误。有一些企业视失误为失败。但是，杰夫·贝佐斯和首席执行官安迪·贾西认为，只要战略决策可以逆转，成本在合理的范围内，亚马逊的管理人员就可以快速决策，以便从成功中收获经验，从失败中汲取教训。在全新的领域中迈出的每一步，无论对错，都可以帮企业进一步探知风险的边界和竞争的基础。这个过程最终将为企业建立起新的能力和资产。

以亚马逊的财务状况，通过大规模收购在消费支付和小企业贷款领域建立地位本是轻而易举的事情。亚马逊却反其道而行，选择与其他企业建立合作伙伴关系，从其他风投公司招募团队，实施规模相对较小的投资和并购。显然，这是一种通过试错来获得发展的方式。

为了支持核心的零售业务，亚马逊起初的行动旨在为消费者提供便利，简化支付方式，推出信贷和现金服务。2007 年，亚马逊依托一键支付这项专利形成的核心优势，开启了它的首个内部支付服务 Pay with Amazon。同年，亚马逊再下两城。一方面，它收购了点对点支付公司 TextPayMe，随后将其更名为 Amazon Web Pay。点对点支付可以实现个人向个人付款，如 Venmo 等独立公司也拥有相似的技术。另一方面，亚马逊投资了 Bill Me Later，它是首批提供先消费后付款的灵活支付服务的公司之一。[11]

这两项举措最后都未取得成功。Amazon Web Pay 于 2014 年关闭，Bill Me Later 则被金融科技巨头贝宝收购。亚马逊还有一次明显的失误，即为了与移动支付公司 Square 竞争，推出了针对小企业的信用卡刷卡器 Amazon Local Register。不过，重点在于，无论是推出内部服务，还是投资初创公司以及实施小型并购，这些举措的结果都不应算作失败，它们都帮助亚马逊丰富了知识储备，增强了公司能力。在移动支付公司 GoPayGo 倒闭后，亚马逊将其大批团队收入麾下，还从贝宝挖走了包括帕特里克·高迪尔在内的资深人士，诸如此类的举措进一步丰富了亚马逊的知识储备。你会发现，随着时间的推移，这些环环相扣的行动使亚马逊在消费金融领域的能力不断增强，地位不断提高（如图 5.4 所示）。

上述一系列举措，使亚马逊最终得以推出智能支付平台 Amazon Pay，它服务于众多外部零售网站，目前的消费者份额高达 24%。为了促进该平台迅速发展，使其可以服务于外部零售商，亚马逊同意向中小型电子商务公司让渡一部分信用卡手续费。如今，Amazon Pay 已发展壮大，被用于向政府部门及保险机构支付费用，也被用于为旅游活动付费。该项业务不仅是用来建立忠诚度和保持"黏性"的内部服务，也是亚马逊可靠的收入来源。

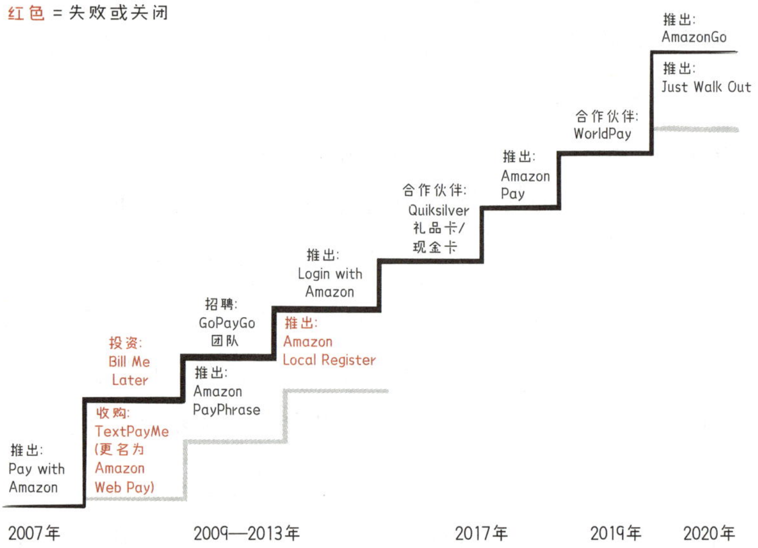

图 5.4 亚马逊进军消费金融服务市场
资料来源：AUTHOR ILLUSTRATION (INFORMED BY CB INSIGHTS REPORT ON AMAZON 2022).

正如首席执行官安迪·贾西在 2021 年致股东的一封信中所阐述的：

人们常常以为，他们崇拜的那些具有变革性的创新就是某人突然灵光一现，一个团队将灵感变为现实，很快，长时间的努力取得了成功，我们有了一项新发明。这种情景即便发生过，也极

125

为罕见。关于像亚马逊这样的创新企业，有一个鲜为人知的事实，那就是它们在不停地争辩、重新定义、修改、迭代、实验之后，才能走向一个伟大的想法，将其转化为满足客户需求的成果，为客户体验带来长期的有价值的变革。[12]

要知道"什么时候该坚持"：CSIRO 捍卫无线网络专利权

商业谈判有点儿像打扑克牌——你拿到了一手牌，在你打牌时，也许你会虚张声势，也许对手会虚张声势。正如歌手肯尼·罗杰斯在歌曲《赌徒》中所唱的："你一定要知道什么时候该坚持，什么时候该放弃，什么时候该走开，什么时候该逃离。"CSIRO（澳大利亚联邦科学与工业研究组织）是澳大利亚政府成立的科研机构，虽然规模不大，但是颇受重视。在保护一项重要专利的过程中，CSIRO 意识到自己必须"知道什么时候应该坚持"。[13] 经过内部讨论，CSIRO 发现无线网络（Wi-Fi）技术是一项极具价值的核心专利。许多大型科技公司正在无偿使用其无线网络技术。所以，CSIRO 面临的问题是如何从这些公司手中成功地收取许可费。

起初，CSIRO 准备的法律咨询费用不到 100 万美元。律师经过判断后认为，CSIRO 的专利权亟须保护，它的管理团队及顾问开始为法律诉讼制订计划。我们的前同事、CSIRO 管理层成员，梅尔达德·巴格海向董事会解释，若法院支持他们的主张，他们将获得 1 亿至 10 亿美元，而法院起诉费用可能为 1 000 万美元。根据资深团队的估算，CSIRO 仅需 10% 的胜率，就不会在这场诉讼中赔钱，而且实际胜率很可能高于 10%。这场诉讼低调开庭，庭审过程有条不紊，CSIRO 向 28 家科技公司发出通知，提出它们确实存在侵犯其专利权的问题，要求它们于 2003 年签订许可协议。没有一家公司愿意签订协议。CSIRO 要么认输，要么斗争下去。

将阶梯结构作为规划工具

我们习惯用阶梯图形展示战略发展路径，如图 5.4 所示。此类战略结构包含三个动态因素：延展性、驱动性、灵活性（如图 5.5 所示）。

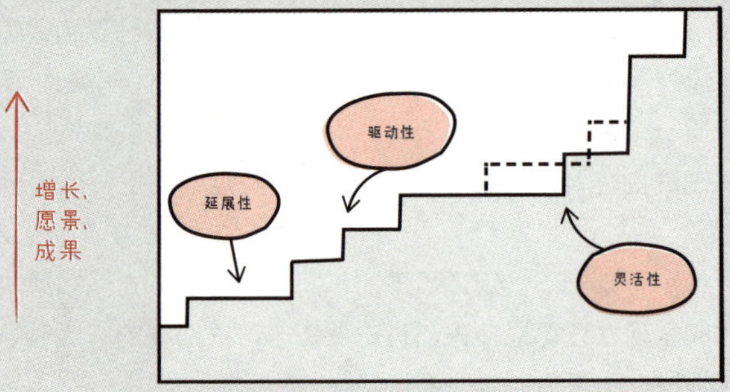

图 5.5　阶梯结构的三大动态因素

- 延展性指的是，通过特定的战略行动而获得的能力有多新、多复杂，以及整合这些能力的难度。企业需要考量自身吸收这些新技能的能力，以及为了树立市场形象而掌握这些技能的紧迫性，在二者之间做好权衡。

- 驱动性指的是，在多数情况下由小规模举措积累的成功对企业的信心以及企业继续学习的意愿产生的积极影响。在赢者通吃的竞争格局中，考虑到规模收益递增以及对于战略规划的标准设定，驱动性变得至关重要。

- 灵活性指的是，在面对高度的不确定性时，要保持灵活，维持期权价值。为此，企业可以实施多个战略（有必要多条腿走路），选择不会产生严重后果的行动，避免高沉没成本的行动。

按照不完美主义的思维方式，在不确定的条件下制定战略，对不同的步骤及实施顺序进行勾勒和建模，需要平衡以上三方面的因素。团队必须开展讨论，权衡小规模举措和大规模举措的重大风险水平。在高度不确定的情况下，多条腿走路虽然有其优势，但是集中火力也许更能阻挡竞争对手。快节奏的一系列行动可以形成驱动力，然而，与现有业务的整合或许才是更大的挑战。在制定战略时，角色扮演（如设置"红队"和"蓝队"作为商业案例的正反方）可以使讨论更加深入，使决策过程更加完善。资源十分重要。亚马逊和谷歌投资了几十家风投新秀，在它们感兴趣的领域进行了大大小小的投资，并且经常在同一个领域投资多家公司。而初创企业没有多种选择，由于获得的风投资金有限，可能只有一种选择，只能专注于一个项目。

阶梯结构可以就不确定环境下的不同探索路径，为问题解决者进行可视化的呈现，还可以使内部讨论聚焦于可选路径的延展性、驱动性和灵活性这三个重点。

了解概率是直面风险的必要前提。提高成功概率需要选择好斗争的方式和时机。CSIRO 接下来的行动完全诠释了这两点。为了建立判例，CSIRO 对一家名为 Buffalo Technology 的日本网络产品公司提起诉讼，以此作为测试案例。该公司是一个相对较弱的对手，听证会将在对原告友好的美国得克萨斯州东区联邦法院举行。如果这次诉讼成功，就会形成法理基础，这可能推动其他专利许可案件的判决。据知识产权专家的了解，原告在得克萨斯州东区的胜诉率为 55%，而在美国其他地区为 33%。这意味着，CSIRO 这起诉讼的预期价值为 1 亿美元的 55%，减去 1 000 万美元成本，即 4 500 万美元。听上去，是否提起诉讼应该很容易决定，但是许多管理者即使知道结果的预期价值不错，也会选择避免下冒险的赌注。2005 年 2 月 2 日，CSIRO 提起了对 Buffalo Technology 的诉讼。董事会主席凯瑟琳·利文斯通认为"起诉有风险，却也是风险最小的选择"[14]（如图 5.6 所示）。

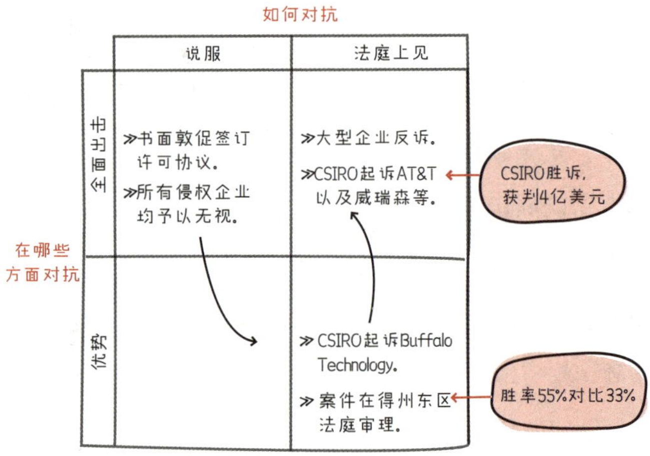

图 5.6　大卫与歌利亚之战

2005 年 5 月，在加利福尼亚州北部地区，出现了两起针对 CSIRO 的诉讼，法院判决 CSIRO 的专利权无效以及起诉方对其不构成侵权。CSIRO 这一次的对手十分强大，一起案件的诉讼方是英特尔和戴尔，另一起诉讼由微软、苹果、惠普及美国网件公司（Netgear）共同发起。这些科技巨头的法律财力雄厚，试图将战场搬回自己的地盘。于是，CSIRO 保护专利权的成本随之直线上升，胜率则随之下降。这场专利权之争的形势变得愈加复杂。

对此，CSIRO 做出了明智的应对之举，要求将原告在加州提起的诉讼移交至得州东区法庭。2006 年末，加州法庭同意了 CSIRO 的请求，将前述两起诉讼合并至得州东区法庭，潜在的形势再次有利于 CSIRO。另外，CSIRO 由于预算吃紧，与法律团队就胜诉酬金达成一致，以降低风险。

2007 年 2 月，得州法庭下令，要求 Buffalo Technology 停止出售带有 CSIRO 无线网络技术的产品。由此，局面发生了扭转。同年 6 月，苹果新发布的手机产品证实了搭载无线网络功能的设备拥有广阔的市场前景，专利权之争的风险也随之水涨船高。CSIRO 加大了赌注，在其诉讼名单中又增加了另外 8 家公司，包括路由器公司 DLink 和配件厂商贝尔金（Belkin），笔记本电脑制造商华硕、东芝、富士通，以及游戏机公司任天堂。2007 年 9 月，得州东区法庭的戴维斯法官要求诉讼涉及的所有 14 个当事方参加和解谈判，并任命一名调解人主持被告公司与 CSIRO 之间的沟通和解。

2008 年 9 月 9 日，美国联邦巡回上诉法院对 CSIRO 论证的关键部分予以支持。得州东区法院的审理将于 2009 年 4 月举行。随着法院裁决向 CSIRO 倾斜，和解压力转移到了被告科技公司的身上。2009 年 1 月末，惠普成为第一家与 CSIRO 达成和解的公司，它最终向 CSIRO 支付了 4 800 万美元。微软紧随其后。

在审理开始后的一周内，所有当事方均同意和解。CSIRO 见招拆招，一切都在按照它的计划发展。

至 2009 年末，CSIRO 收到的和解金总计高达 2 亿美元，这是其法律成本及执行成本的数倍之多。此时是否应该宣告胜利，退出这场高压赌局呢？聪明的扑克玩家不会这么做。CSIRO 决定继续下去，并且投入加倍，想要最大限度地收取许可费，以进一步投资澳大利亚的科学事业。2010 年，CSIRO 因专利权仅剩三年有效期，准备提起一轮新的商业诉讼。这一次，CSIRO 增加了砝码，将诉讼对象瞄准电信运营商巨头：AT&T、威瑞森和T-Mobile。在美国，大部分的智能手机和数据套餐都来自这三家企业。CSIRO 还起诉了笔记本电脑制造商索尼、联想和宏碁。从 2010 年至 2012 年，这轮诉讼同样在得州法院展开审理。2012年，无线网络芯片制造商博通（Broadcom）和 Atheros 代表其智能手机和笔记本电脑公司客户介入和解，法院判决 CSIRO 获得2 亿美元的赔偿。

像这种高风险的竞争战，极少出现历经 10 年时间才见分晓的情况。CSIRO 的案例表明，无论你在踏上竞争的战场之前做了多少准备，从战争打响的那一刻起，一切便充满了变数（想一想迈克·泰森的话）。你必须不断更新对这场竞争及其风险和概率的了解，不要在意沉没成本，把每一步都当作最后一步，沉着冷静地打好下一张牌。根据形势，见招拆招，这使不完美主义者即便面对高度的不确定性，也能取得不错的结果。

131

转嫁风险

局-盘-场：全英草地网球俱乐部和保险

温布尔登，一个网球迷和网球选手听到便会两眼放光的名字。自 1877 年以来，温布尔登便一直是温布尔登网球锦标赛的举办地。提起温布尔登，人们就会想到玛蒂娜·纳芙拉蒂洛娃和罗杰·费德勒这些顶尖网球选手在精心打理的草地球场上优雅地滑步。忠实粉丝或许还会想到飘仙一号（Pimm's NO.1），这是一款在"表演"球场附近的酒吧和餐馆可以品尝到的含有草莓和奶油的传统鸡尾酒。

然而，温布尔登这个名字没有让我们想到的是，温网由 AELTC（全英草地网球俱乐部）全资所有。AELTC 是一家私营体育管理公司，深谙经营之道，年收入通常可达 4 亿美元，其运营项目包括转播权、票务及房地产。

2020 年，由于新冠感染疫情，温网比赛自第二次世界大战以来首次被迫取消，AELTC 的收入骤跌 99%，但是运营利润却达 5 600 万美元。AELTC 是如何做到的？原来，该俱乐部向劳埃德保险公司购买了一份价值 2.19 亿美元的赛事取消险，另有 2 400 万美元于 2021 财年支付。[15] AELTC 已经连续 17 年每年支付 200 万美元的保费了。[16] 当疫情出现后，俱乐部不仅可以用理赔金覆盖成本，还可以向 620 位选手支付一定的替代奖金，这些选手按照世界排名本应具有温网的参赛资格。赛事取消的风险虽然不高，但后果却是灾难性的，为此购买保险的对冲措施回报相当丰厚。

AELTC 的风险管理战略要从 2003 年说起。两位资深的公司管理者，前 ICI（帝国化学工业公司）主席龙尼·汉佩尔爵士和前 P&O Group（半岛和东方轮船公司）商务及法务总监迈克尔·格雷登建立了俱乐部董事会的风险管理委员会。2007 年，曾供职于媒体企业时代华纳、在媒体行业拥有成功经验的首席财务官理查德·阿特金森加入了该委员会。他们身上都有着过去那些不可预见的风险留下的"瘢痕组织"，如"9·11"恐怖袭击事件、渡轮灾难、2001 年英国口蹄疫以及 2002 年末的 SARS（严重急性呼吸综合征）疫情。[17] 风险管理委员会对了解风险充满热情，在执行风险管理流程方面经验丰富，包括制作风险登记册、举办年度风险管理论坛等。

俱乐部根据风险的发生概率和严重程度对风险进行排名。通过这种方式，风险管理委员会可以重点关注那些发生频率低但严重程度高的事件，它们可能会影响温网的举办（想一想塔勒布的肥尾效应）。例如，连续 14 天的持续降雨，这样的异常事件可能导致整整两周无法举行比赛。基于风险管理委员会的工作，董事会希望可以缓释降雨的风险，为温网的 1 号球场加盖屋顶，确保比赛可以在任何天气中正常进行。另外，年度风险管理论坛还会对其他风险进行评估，包括恐怖主义活动、网络攻击、流行病以及转播权相关的外汇风险。理查德·阿特金森注意到，大流行病风险每年都会出现在论坛的讨论中。

温网每年支付 200 万美元，赔付额为 2 亿美元，即年度保费

133

为赔付额的 1%，属于正常的可保事件保费。然而，并非人人都对此满意。董事会的一些成员就曾提出，为什么要毫无回报地买 10 多年的保险？[18]

在为新冠感染疫情支付过理赔费用后，劳埃德便不再提供大流行病保险，这应该不会使人感到意外。这是否表示，AELTC 的风险管理委员会的努力只能带来一次性的财富呢？像理查德·阿特金森这样的风险实践者并不这么认为。AELTC 依然在持续运用针对高度不确定事件的各种复杂的风险管理方法，采用从风险缓释到风险适应等一系列应对手段。除了购买保险，理查德还强调了为应对"黑天鹅"事件或罕见事件而建立他所说的"战略性金融资源"的重要性。这就像银行为了防范金融危机需要准备高水平的资本金。为了建立面对风险的韧性，温网这类大型活动的组织者需要具备高盈利水平，并将一大部分利润留作储备金。AELTC 丝毫没有期待确定性回归，而是始终在为一个充满肥尾事件的时代谋划对策。

被揭示的风险

风险可能会通过价格表现出来，至少在正常运转的市场是这样。尽管价格的指示作用并非完全准确，但是它可以为我们的决策和行动提供依据。我们已经看到，温布尔登全英草地网球俱乐部支付了 17 年的大流行病保费，最终在 2020 年因为新冠感染疫情获得了巨额赔付。年度保费的定价针对的是 100 年发生一次的事件。在罗伯特位于澳大利亚悉尼的家乡，有些地方两年中发生过 4 次百年一遇的洪水。有许多人对气候变化的影响发出了警告，洪水灾害频发就是充分的证据。例如，生活在分水岭地区的人们面临的风险骤增，保险公司针对悉尼泛滥平原的 7 万名居民调整了保费金额。据保险公司称，现在有越来越多的居民放弃购买保险，不再支付每年 3 万美元的保费。[19] 洪水可能产生的赔付为 15 万美元，这揭示出风险发生的概率为 1/5，这与居民早期对洪水百年一遇的想法相去甚远。位于泛滥平原的企业，如种植草皮和蔬菜的农场，同样在关注调整后的风险概率。如果发生洪灾的赔付可达 75 万美元，那么 3 万美元的保费就相当于 1/25 的赌注。如果你相信下面两点，那么购买保险可能值得考虑。第一，现在洪水发生的概率更接近 1/50；第二，如果未来 10 年左右再次发生洪水，自我保险将会导致过高的破产风险。价格可以揭露风险。如何行动取决于你对风险的评估和你的风险偏好。

风险对冲策略：投资对手

购买保险，是转嫁风险的一种方式，通过它，你可以将风险转嫁给可能具有更好的资源和能力的人。除此之外，聪明的公司还在采用许多其他的风险对冲策略，包括利用期货市场或期权，降低关键货币风险或利率风险。另一种策略是对于在相邻市场可能发展成为竞争对手的初创公司，进行小规模的金融投资，前面讲到的亚马逊正是采取了这个策略。其他的例子包括，雅虎收购了阿里巴巴 15% 的股份，其最终价值超过了 400 亿美元，尽管仍然未能挽救雅虎。IBM 也曾买入英特尔 20% 的股份。

Kymriah：让其他人承担早期风险

2017 年 8 月，在制药行业和患者圈流传着一个重大消息：美国食品药品监督管理局已经批准了治疗儿童急性淋巴细胞白血病（ALL，这是美国最常见的一种儿童癌症）的首个基因疗法。[20]

这种新药叫作 Kymriah，由医药企业诺华公司研发，从病人第一次进行药物测试到获得批准仅用了 5 年时间，创下了当时的最快纪录。

这个故事之所以引人注目，原因在于几个方面。首先，这项科学技术令人惊叹：患者自身的 T 细胞经过基因修饰，表达出一种特定蛋白质（嵌合抗原受体或 CAR），使 T 细胞具有靶向性，可以杀死细胞表面具有特定标识符的癌细胞。患者测试的结果令人振奋：83% 的临床试验参与者的癌症病情得到了缓解。基因疗法和细胞疗法有希望可以真正彻底地治愈疾病，而非仅仅起到治疗作用。最重要的是，Kymriah 的故事是一个有关冒着复杂而又巨大的风险，运用战略巧妙解决问题的故事。

制药行业以高风险赌注著称，商业世界最大的几笔豪赌就与制药有关。制药公司为研发候选药物投入时间与金钱，但多以失败告终。平均而言，一种药物从早期临床试验到成功获得监管批准共耗时 10.5 年，需要超过 20 亿美元的资金支持，而累计成功率仅有 8%~15%。[21] 尽管制药业成功的风险高、概率小，药企和生物技术公司仍然处于收益率曲线的顶端（如图 5.7 所示）。

这让人不禁发问：药企在豪赌中为何能够如此成功地管理风险，并实现经济收益远超资本成本？而像石油和天然气勘探等其他高风险行业，却处于收益率曲线的底部。制药企业做对了哪些事情？

创新药的成功之路包括几个探索阶段：了解和研究疾病传播途径，确定影响疾病过程的机制，寻找治疗或治愈疾病的候选化合物，设计和测试靶向疗法。在美国，研发阶段分为 4 期：Ⅰ 期为小规模安全性研究，Ⅱ 期为小规模疗效和副作用试验，Ⅲ 期为高成本的大规模安全性研究和疗效研究，Ⅳ 期为监管批准和批准后的监测期。[22]

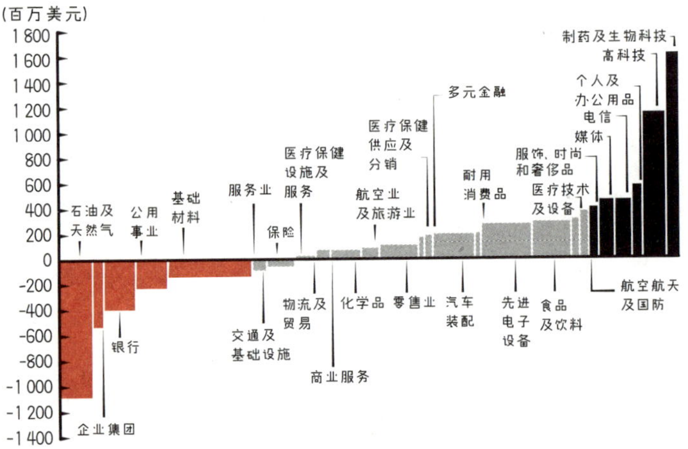

图 5.7　2014—2018 年 28 个行业（2 649 家公司 *）平均经济收益

资料来源：S&CF INSIGHTS, CORPORATE PERFORMANCE ANALYTICS, S&P GLOBAL, MCKINSEY & COMPANY.

* 拥有充足数据的全球大型企业，包括金融机构，不包括私人公司以及房地产和房地产投资信托基金。

从统计学角度看，创新药研发的最大挑战在于能否成功渡过 Ⅱ 期，这是失败率最高的阶段。Ⅱ 期就是在人类受试者身上做概念验证的阶段。在 Ⅱ 期阶段，公司必须决定是否要展开成本高昂的大规模 Ⅲ 期试验，或者终止对候选药物的研发。[23] 诸多原因都可能导致研发终止，其中包括商业可行性。Kymriah 属于肿瘤药物，而在不同的治疗领域，肿瘤药的成功率最低，经过所有批准步骤后的累计成功率仅为约 5%（如图 5.8 所示）。[24, 25]

137

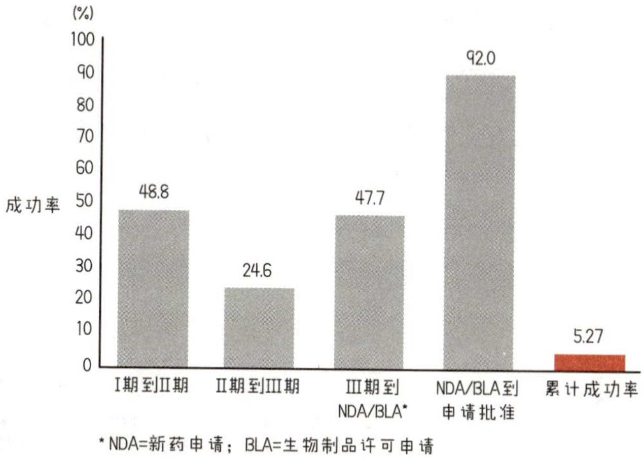

六个方法，解决难题

```
(%)
100
 90                                              92.0
 80
 70
 60
 50   48.8              47.7
 40
 30          24.6
 20
 10                                                              5.27
  0
     I期到II期   II期到III期   III期到      NDA/BLA到      累计成功率
                           NDA/BLA*     申请批准
```
成功率

* NDA=新药申请；BLA=生物制品许可申请

图 5.8　肿瘤药物在各个阶段成功率

　　一旦药物研发经过了早期的发现阶段，进入了开发阶段，就又要面临新的风险。然而，对于何时选择承担风险，何时决定将风险转嫁给学术研究者和生物科技初创公司等其他合作方，制药企业可谓老谋深算。这正是药企的不完美主义超能力。公共和私人学术研究人员拥有研究拨款，因而对风险有更高的容忍度。生物科技初创企业的投资人同样能较好地承受风险，他们通常会接受早期的学术观点，并通过体外（实验室）和体内（动物）研究发展这些观点。

　　就 Kymriah 的研发而言，诺华公司将发现阶段的工作外包给宾夕法尼亚大学佩雷尔曼医学院，由此转移了风险。双方签订了一份协议，宾夕法尼亚大学将其过去 9 年针对慢性淋巴细胞白血病（CLL）的研发技术以及未来的 CAR 疗法的全球许可证授予诺华公司。[26] 宾夕法尼亚大学和研发人员都将获得特许使用金。

诺华公司从宾夕法尼亚大学取得候选药物后，便可以对后续研发阶段的风险进行管理。通常而言，药物必须在Ⅲ期接受大规模的关键性试验，这需要大量资金投入。关键性试验旨在证实候选药物的药效及安全性，预估出现不良反应的可能性。Ⅲ期试验通常需要数百名患者参加，花费超过1亿美元。

然而，在特殊情况下，如果药物用于治疗致命疾病或严重损害健康的疾病，Ⅱ期研究也可以作为关键性试验。在这种情况下，诺华公司会将Ⅱ期作为关键性试验，推进临床路径，把参与者的人数控制在70人以内，研发风险会因此而降低。另外，诺华公司还获得了美国食品药品监督管理局的孤儿药认定和突破性疗法认定，这两个专项计划旨在大幅推动审批流程，加快突破性疗法的研发。在Kymriah的研发上，诺华公司获得了监管层面和临床试验层面的双重成功，大幅缩减了研发成本以及药品从研发到上市的时间，同时减轻了风险。[27]

制药企业自主研发一种药物，其实是一场豪赌，虽然在一切顺利的情况下可以产生巨额回报，但是成功率很低。大型药企的不完美主义真正仰赖的是，企业领导者能够慧眼识珠，密切关注学术界和小型生物科技公司有前景的候选药物，对各个候选药物在不同收购时机的风险报酬系数进行评估，在风险报酬系数最优的时刻采取下一步行动。除了高水平的风险评估能力，大型药企的资本成本要远远低于依靠风投资金的生物科技公司，这使其享有在途资产的自然所有者地位。辉瑞只有23%的药物由企业自主研发，其余药物均由学术中心和小型生物科技公司等第三方研制。[28]

在你的企业中运用不完美主义

曾几何时，战略制定是规划部门的工作，与运营部门毫不相干。战略规划年年开展，并且被仔细记录在冗长的文件中，只是无人问津。显然，这是很久之前的事情了。

精于解决问题的企业始终在不断地测试自身制定的战略，这些工作通常由对此负责的小型跨职能团队完成。成功的企业不会被新进入者颠覆，因为它们本身的运作方式就是不断地酝酿、构想，生成创意并测试，然后采取规模不等的战略举措。

最善于解决问题的企业会谦逊地看待自己预测未来的能力，但是会明智地采取行动，以获取更多信息，发展能力，增加资产，减少风险，建立竞争地位，同时避免豪赌。这正是一种不完美主义思维。

你可以先通过几个问题来看一看你的企业是否充分运用了不完美主义思维：

1. **我们的决策过程是否适合要解决的问题？** 我们是否仔细评估过问题的结构、赌注及赔率，以防止自己陷入风险规避和冒险主义的误区？我们有没有对收集信息、获得技能、增强能力的明智之举做出奖励？我们是否将投资决策分为可逆决策与不可逆决策？不完美主义者会将小规模且可逆的资本投资决策交给一线决策者，将大规模且不可逆的投资决策留给首席执行官等高层人士。

2. **我们是否知道何时该坚持，何时该放手？** 为了反映商业环境的不确定性，讨论概率十分必要，正如无线网络案例所展示的，要根据现实情况的变化更新先前的假设。一个企业如果需要确定性的条件才能行动，或者惩罚并未对企业造成威胁的错误，就不太可能在竞争中成为赢家。按兵不动可能是明智之举，但是与其他任何战略举措一样，不行动也会产生后果。

3. **我们的风险管理能力是否与不确定性的水平相符？** 持续高水平的不确定性要求企业有更高的风险管理能力，其涉及的范围会超出大多数企业熟悉的领域，或超出它们的舒适圈。聪明的企业会有一整套风险管理工具，通过期权、对冲及保险等措施来抵御风险，这些多为金融领域的常见操作，但是温网购买大流行病保险的案例告诉我们，任何经营性企业都可以运用这些金融工具。

4. **随着资金的大幅增加或减少，概率会如何变化？** 管理者在汇报预算时，对于这个问题的准备最少。即便在高度不确定的情况下，管理者依然会倾向于预测确定性。然

而，如果能够估计增减资金对现金流现值的影响，首席
执行官和首席财务官对结果的概率分布就会有更透彻的
认识，从而做出更好的决策。对于重大资源重组产生的
影响，如果不进行测试，而是一切如常地运营，将阻碍
企业制定成功的战略。

5. **从事前剖析和事后分析中学习。**企业在不确定性中成功
解决问题的要点之一就是要在解决过程中不断学习。一
些企业会在做重大决策时进行事前剖析。事前剖析是一
种团队预测工作，每个成员都要设想可能出错并导致不
良后果的各种情况。安妮·杜克提倡一种她称为回溯的
预测练习，即从成功的战略成果中进行倒推，识别应该
提供特定支持的所有情况。[29] 有充分的证据表明，随着
不确定性的变化，事前剖析和回溯这两种方法，对于哪
些策略可能成功，哪些策略可能失败，可以让我们获得
不同的洞察。

第 6 章

理性展示，感性讲述

用故事驱动行动

巴里·马歇尔放手一搏

1984 年，巴里·马歇尔在西澳大学担任研究员，这所大学位于珀斯。从地理位置上讲，珀斯是世界上最偏远的城市之一。对于年轻的马歇尔来说，更是如此。马歇尔来到西澳大学时，自认为对胃溃疡的病因有了突破性的发现，却无论如何都说服不了这个全球性的科研阵地认真对待他的发现。他迫切地渴望自己的声音被听见，于是打算做一些疯狂的尝试，迫使他的同事们重新思考胃溃疡这个已经有定论的疾病。

据估计，在当时，每年有关消化性溃疡的支出为 60 亿美元，每年有 6 500 人死于此类疾病，近 10% 的人口在其一生的某个阶段都会患这种疾病。[1]西咪替丁和雷尼替丁这两款特效药被广泛用于治疗溃疡，但是其局限性在于，当患者停药后，溃疡就会复发。马歇尔面临的问题是，当时的医疗机构坚信它们已经知道了消化性溃疡的病因——压力和酒精等生活方式因素，对新的科学发现不闻不问。

马歇尔的故事始于几年前，当时他的同事兼合作者罗宾·沃伦识别出一种新型细菌——幽门螺杆菌。马歇尔称，他当时并不知道这种新型细菌可能与哪些疾病有关，尽管如此，他在一项针对 100 名接受内窥镜检查的病人的研究中，仍然进行了幽门螺杆菌的测试。研究结果十分惊人，在 22 名胃溃疡患者中，有 18 人幽门螺杆菌检测结果为阳性，患有十二指肠（靠近胃部的一段肠管）溃疡的 13 人则全部感染了幽门螺杆菌，这个统计结果具有重要意义。当马歇尔确信自己有了一个重大发现时，他不得不抑制住兴奋，提醒自己，顶尖的胃肠病学家很难接受这个基于遥远的西澳珀斯的 13 名病人的有关消化性溃疡的革命性发现。马歇尔承认："他们是不会接受的。"[2] 他需要进行随机双盲对照试验，它被公认为是评估药效的黄金标准。

1983 年，在给著名医学杂志《柳叶刀》寄去了几封信件后，马歇尔和沃伦的发现获得了一些认可，信中描述了这种新型细菌，以及他们与几乎所有胃炎都相关的发现。马歇尔受此鼓舞，基于他使用铋（一种早于青霉素的抗菌药物）治疗 4 位溃疡患者的成功经验，提出进行一次双盲试验，比较抗生素与针对溃疡的传统的抑酸疗法的疗法。然而，他很快便遭遇了重大挫折，这项需要三年时间的研究仅得到了一年的资金支持，不足以生成足够的证据。为了节省成本，马歇尔用猪替代人体进行实验，但是无法得到所需的证据。不出所料，由于其关于幽门螺杆菌的理论得不到证实，马歇尔成了学校的笑柄。

年至 30，又是 4 个孩子的父亲，马歇尔开始担心资金状况更好的研究者可能会抢先证实理论。同时，有病人出现胃出血，需要进行全胃切除术，更加强了论证的紧迫性。马歇尔很快想到："对于吞食幽门螺杆菌的风险，唯一可以做出知情同意的人就是我。"于是，为了论证他的想法，他承担起了这份巨大的风险。1984 年 7 月，他接受了胃镜检查，以获取健康的对照组织。但是，他没有告诉检查人员这是他的基线样本。随后，他将幽门螺杆菌放入装有碱性蛋白胨水的 200 毫升的烧杯中，一饮而尽，他说那味道就像沼泽水。马歇尔对身体状况进行了监控，发现他从第 5 至第 8 天开始感到恶心，某一天有人说他有口臭。[3] 在第 10 天，他复查了胃镜，结果显示胃中出现了幽门螺杆菌。直到此时，他才告诉妻子阿德里安娜自己做了什么事！在第 14 天，他又接受了一次胃镜检查。尽管病状清晰，但是为了安全起见，马歇尔终止了试验并服用了一个疗程的抗生素。

对于马歇尔的做法，某些评价不甚友好。一位得克萨斯州的同事称其为真正的牛仔，另一个人则认为他违背了伦理。不过，马歇尔这种看上去不顾一切的行为给他带来了回报。不久之后，他获得了一笔新的资金支持，得以开展充分的临床试验，结果证实了他早先的结论，在荷兰、休斯敦和维也纳进行的确证性研究也为他的结论提供了佐证。1994 年，美国国立卫生研究院最终确定，治疗消化性溃疡的第一步是幽门螺杆菌的鉴定与清除。正如马歇尔所言："我最主要的观点就是，如果所有溃疡都带有这种细菌，那么只要没有这种细菌，基本上就不可能有溃疡。所以，抗生素一定可以治疗溃疡……证毕。"[4] 2005 年，在马歇尔那次非常私人的实验完成 20 多年后，他和罗宾·沃伦荣获诺贝尔生理学或医学奖。

讲述是解决问题的关键方法之一

事实和数据可以产生强大的说服力。没有谁比我们更热衷获得强大的数据表。我们的另一本书《所有问题，七步解决》展示了数据、分析和逻辑的力量，它们甚至可以攻破最困难的问题。然而，成功的问题解决之道着眼于推进行动，而非炫耀智慧。我们一致相信，有力的事实和逻辑足以推动变革。然而，这还不够。一方面，人们正被各种各样的信息淹没——如今每一两天产生的数据便超过了 20 世纪以前整个人类历史的信息量。[5] 而且，鉴于这个时代充满了故意误导人们的信息，许多人有充分的理由拒绝轻信简单的事实。在这样的世界，我们需要可信、可靠的讲述来驱动人们的行动。

正如巴里·马歇尔的故事所示，即便在科学世界——科学方法的核心原则正是用数据验证理论——与既定观点相矛盾的信息往往也会被掩盖起来。这类信息通常被归为异常值，或被视为实验出错的结果。[6] 对此，科学哲学家托马斯·库恩在其具有重要影响力的著作《科学革命的结构》中进行了论述。库恩发现，科学与任何实体组织一样，都有一种强大的文化，并且与那些传统文化一样，它也会固守自己的信仰。他在书中向我们展示，要对先前的科学范式发起挑战，并击穿它的坚硬外壳，往往需要体量巨大的反事实和反理论。他写道："多数科学家不可避免地为常态科学奋斗一生，他们基于的假设是，科学界知道这个世界是什么样子的……（常态科学）常常会抑制从根本上很新颖的观点，因为这类观点必然会颠覆常态科学的基本准则。"[7]

即使是最伟大的发现，也逃不出这个模式。直到伯尔尼专利局一个名为爱因斯坦的衣冠不整的家伙出现之前，当时的物理学界仍然相信人们已经解决了物理学所有的重要问题。

年轻的管理顾问在其事业初期便会领教到，通过有力的理由推动变革是多么困难。他们兴致勃勃地播放光鲜亮丽的幻灯片，展示领先的机器学习模型或者多元统计分析得出的结果，但通常会因为某些客户的怀疑态度和消极反应而目瞪口呆。这些客户认为他们对自己的业务了如指掌，自然会对总公司派来的这些傲慢的年轻人心怀不满。正如引言中所提到的，我们将这类急于向质疑者展示自己分析过程的行为称作急切展示知识综合征，简称 APK。

当然，这些年轻的管理顾问会在日后接受培训，就像优秀的记者那样，运用金字塔原理（如图 6.1 所示）构建具有说服力的论证。

不要误会我们。用一个提纲挈领的思想整合解决问题的方法，用富有逻辑的论证结构作为支撑，再用分析和事实支持论证结构，这的确是一个不错的思路。但是，根据我们多年的实践经验，单靠恰当的事实支持出色的论证还不够。要想激发行动，在这个世界推动变革，就必须认识到，人类是依靠视觉学习的，你需要挑动他们的好奇心，给他们惊喜，迎合他们的价值观，甚至要让他们大吃一惊。想一想大卫·爱登堡的纪录片《生命的进化》没有影像会是什么样子！

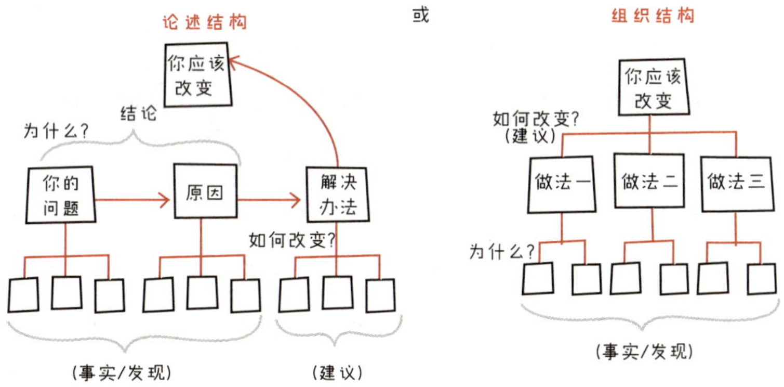

图 6.1　金字塔原理

构建展示和讲述的框架

我们最后一种思维方法的核心是"展示和讲述"。对于激发他人行动，这种方法不可或缺。提到展示和讲述，我们会想到孩子在教室里向同学和自豪的家长展示他们掌握的本领。"展示和讲述"可以放大其他几种思维方法的效果，突出好奇心可以产生的令人惊讶的反事实，展示如何从不同的角度看待问题，或者，强调可以通过集体智慧获得的新颖视角。

我们将这个过程整理为一幅简单的树状图，如图 6.2 所示。

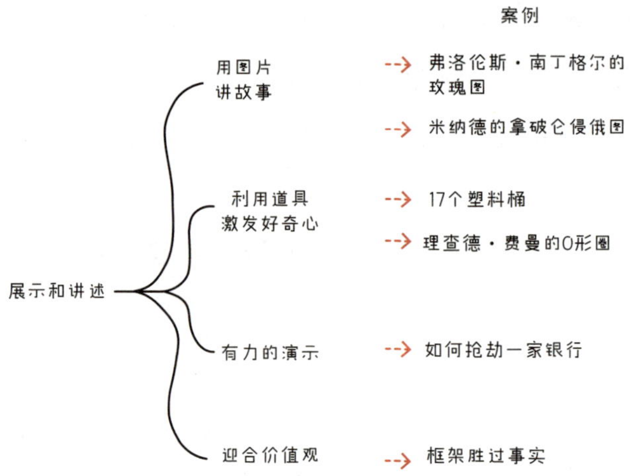

案例

用图片
讲故事　　--> 弗洛伦斯·南丁格尔的
　　　　　　　　玫瑰图

　　　　　　--> 米纳德的拿破仑侵俄图

利用道具
激发好奇心　--> 17个塑料桶

　　　　　　--> 理查德·费曼的O形圈

展示和讲述

有力的演示　--> 如何抢劫一家银行

迎合价值观　--> 框架胜过事实

图 6.2　展示和讲述

用图片讲故事

统计学家弗洛伦斯·南丁格尔

由于在 19 世纪中期的克里米亚战争中做出的贡献，弗洛伦斯·南丁格尔成为现代护理学的代言人。不为众人所知的是，她还是一位优秀的统计学家，也是第一位成为英国皇家统计学会会员的女性。除了将护理发展成为一个正式的职业，南丁格尔的贡献还包括通过不断收集、分析、统计、展示数据，帮助挽救医院中病人的生命。

1854 年，南丁格尔领导一群护士前往君士坦丁堡（现为伊斯坦布尔），为在克里米亚战争中受伤的英国士兵提供护理。她看到医院环境十分恶劣，提出改善医疗条件，但是与她打交道的男性军医没有一个人支持她。南丁格尔计算出，留在前线野战医院的受伤士兵死亡率为 12.5%，而被转移到她所在的君士坦丁堡

151

斯库塔里医院的士兵死亡率却有 37.5%。[8] 1855 年，一个卫生委员会来到斯库塔里，改善这里的清洁状况，其实施的举措包括修理下水道、清除死老鼠等。卫生状况改善后，斯库塔里的死亡率降至 20%。

在那个年代，女性在许多领域的努力都不被重视，南丁格尔将数据可视化的创新之举令人大为惊叹。这些数据非常清楚地表明，在塞瓦斯托波尔战役（从 1854 年 10 月持续至 1855 年 9 月的防御战）之前死于疾病的士兵人数，是被敌人杀害人数的 7 倍。[9]南丁格尔用楔形展示不同月份士兵的死亡原因和不同死因的估算人数。这种圆形直方图后来被称为玫瑰图，有时又叫作鸡冠花图[10]（如图 6.3 所示）。

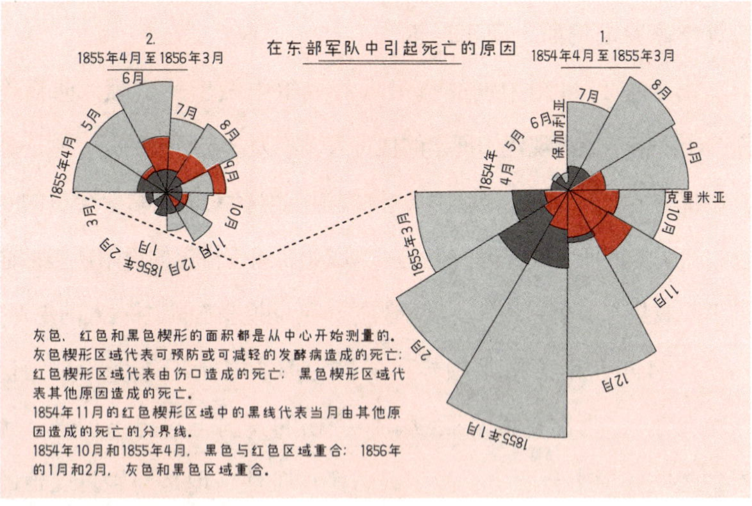

图 6.3　南丁格尔的玫瑰图

资料来源：FLORENCE NIGHTINGALE, "DIAGRAM OF THE CAUSES OF MORTALITY IN THE ARMY IN THE EAST" (1858), ACCESSED ON WIKIMEDIA COMMONS.

从南丁格尔的图中可以看出，卫生委员会到达斯库塔里前的1854年4月至1855年3月（右侧图）以及它到达后的1855年4月至1856年3月（左侧图）这两段时期的差异。这种呈现方式突出显示了两个重要方面：一是在这两个时期，可预防疾病的致死率远超战争的致死率；二是在第二段时期，改善卫生条件可以大幅降低可预防疾病的致死率。

玫瑰图对公共卫生事业产生了巨大影响，也使南丁格尔走入了公众视野。人们认为，正是南丁格尔说服维多利亚女王支持成立调查军队健康问题的皇家委员会的。[11] 1857年5月，皇家委员会获得委任授权，三个月后公布了调查报告。约20年后，1875年的《公共卫生法》首次规定，地方政府要实行统一的卫生标准。

弗洛伦斯·南丁格尔的故事说明，一张简单的图表或图片可以如何吸引公众的关注，其影响力胜过千言万语。PPT（演示文稿）大概已经成为现代企业办公的必需品。如果没有它，你也极有可能会将它发明出来。然而，从根本上讲，PPT存在局限性。参考南丁格尔对公共卫生问题的诠释，试想你会如何绘制出同样富有说服力的图表，并进行展示和讲述。

1812年拿破仑灾难性的侵俄战争

现在，你应该看得出，我们是图表的狂热爱好者。或许，有史以来最著名的图表来自法国工程师，查尔斯·米纳德。米纳德仅用一张神奇的图表，就展示出拿破仑军队向莫斯科的进军路线，并且通过线条宽度展示出拿破仑在进攻（红色阴影）和仓皇撤退（黑色阴影）时的军队人数。直至战役结束时，近70万人的法国军队在图中缩减为一条线，约3/4的士兵或阵亡，或由于寒冷、饥饿、疾病和敌击而逃离军队。地图底部显示的温度表明军队撤退途中的极端天气。如图6.4所示，米纳德仅仅通过一张绝妙的图表便描绘出这场灾难性战役的全貌。[12]

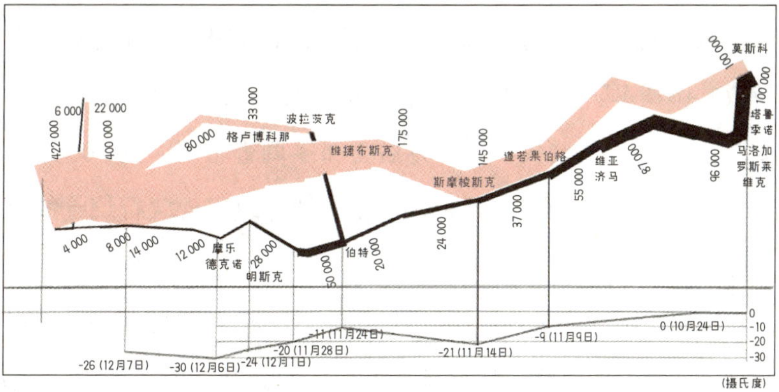

图 6.4　拿破仑侵俄战争中进攻和撤退时的军队人数（缩略图）
资料来源：CHARLES MINARD, 1869, VIA WIKIMEDIA COMMONS.

利用道具激发好奇心

水桶的作用是什么？

　　请你思考，澳大利亚一家大型银行为什么要在会议室的柜子上摆起17个绿桶？澳大利亚国民银行（澳大利亚四大银行之一）慈善基金会的高管们前来听取澳大利亚大自然保护协会的演讲，进门便看到了这幅景象，高管们入座后无不面露疑惑，很明显想

第 6 章　理性展示，感性讲述

问：这是什么意思？大自然保护协会的演讲旨在为修复南澳大利亚的海湾及河口地带筹集资金，并考虑在那里新建一片 20 公顷的珊瑚礁。基金会成员对这一摞空桶感到好奇也很正常。大自然保护协会地区总监说道："我们稍后会进行解释。"他知道这么说会激起基金会成员的兴趣。

图 6.5　17 个绿桶
资料来源：RICH GILMORE, FORMERLY TNC AUSTRALIA.

演讲阐释了在过去 100 年间，人们从牡蛎礁中提取石灰岩用作路基，导致澳大利亚的海湾及河口生态系统在多个方面处于濒危状态。大自然保护协会团队随之解释了他们的修复计划，并对维多利亚州墨尔本郊区的菲利普港湾正在建设的海洋工程进行了介绍。该工作涉及一系列合作伙伴关系，参与方包括当地一家钓鱼和游艇俱乐部、托马斯基金会、维多利亚州政府及当地海鲜餐馆，各方都在恢复海湾牡蛎礁的生态系统中发挥了作用。

造礁是一种相对直接的方式，美国也有 50 多个地方开展了这项工作，其中包括切萨皮克湾。在菲利普港湾，一艘驳船将石灰岩运至面积约为一个大型足球场大小的礁石区。下一步，将当

155

地餐馆保存的风干牡蛎壳放置在石灰岩上。最后，将 100 万只牡蛎卵（牡蛎幼体）放置在礁石区，剩下的就交由大自然。5 至 7 年后，你会看到一个富有鱼类和海洋生物的礁石区。

礁石修复有两大好处。首要的一点是，礁石可以清理水道，每只牡蛎每天可以过滤 170 升水。第二点好处比较直观，礁石修复可以使生态系统的功能恢复正常，增加鱼群数量。牡蛎可以过滤出流向海湾的农业肥料中的氮。如果不加以控制，过量的氮会导致藻类过度生长，阻遏生态系统发展。演讲团队展示的最重要的统计数据是，每只牡蛎每天可以滤水 170 升，即 17 桶水的水量，这正是会议室柜子上那 17 个绿桶所代表的重要含义！

将水桶作为视觉道具，有助于基金会高管直观地了解牡蛎为海湾河口地区过滤氮元素发挥的重要作用。水桶虽然是一种噱头，但是有效地帮助了基金会成员从视觉上理解牡蛎礁在生态系统修复中的重要作用。"这些水桶起到了破冰的作用，使会议的氛围活跃起来，为我们的演讲带来了活力和目标。"一位大自然保护协会的团队成员解释道。[13] 当然，最重要的是澳大利亚大自然保护协会拿到了开展项目所需的资金。

想办法持续地抓住听众的注意力，如利用道具进行有效的展示和讲述，将会影响演讲的成效，特别是在这个盛行 PPT 和 Zoom 线上会议、与会者很容易中途走神的时代。

失效的 O 形圈

针对 1986 年造成 7 名宇航员丧生的"挑战者"号航天飞机

灾难，总统委员会举办了一场公开听证会，诺贝尔物理学奖得主理查德·费曼正在急切地等待发言。轮到他上场时，令委员会和电视机前的观众惊讶不已的是，费曼现场进行了一个精彩的实验（如图 6.6 所示）。"这是我从密封件里取出的东西（橡胶），我把它放入冰水中（此时他将 O 形圈浸入他那杯冰水里），我发现当你对它施压再放开后……它就无法回弹了……橡胶在 32 华氏度（0 摄氏度）的温度下，就会失去弹性。我想这一点与我们要调查的问题一定有关系。"[14] 确实如此。

图 6.6 面对总统委员会的费曼
资料来源：FEYNMAN.COM.

在"挑战者"号发射的那天早上，发射台上结了冰柱，现场温度为 31 华氏度（约 −0.56 摄氏度）。此前执行发射任务时，气温在 53 至 81 华氏度（约 11.67 至 27.22 摄氏度）之间。费曼教授的实验展示出，超出这个正常的温度范围时，O 形圈就会变得僵硬，失去密封性。

在听证会召开的前几日，费曼与 NASA 员工会面，希望了解事故的原因。他通过交谈逐渐意识到，O 形圈失效早已在之前的任务中出现过，但是 NASA 的内部报告仍然坚称"基于对现有数据的分析，继续进行飞行任务是安全的"。[15]这个结论显然是错误的，因为在此前的飞行中，当连接头温度在大约 53 至 75 华氏度（约 11.67 至 23.89 摄氏度）之间时，O 形圈均因为失去弹性而失效（如图 6.7 所示）。NASA 员工估计，O 形圈的失效率接近 10 万分之一。而费曼认为，这一条件概率更接近百分之一。

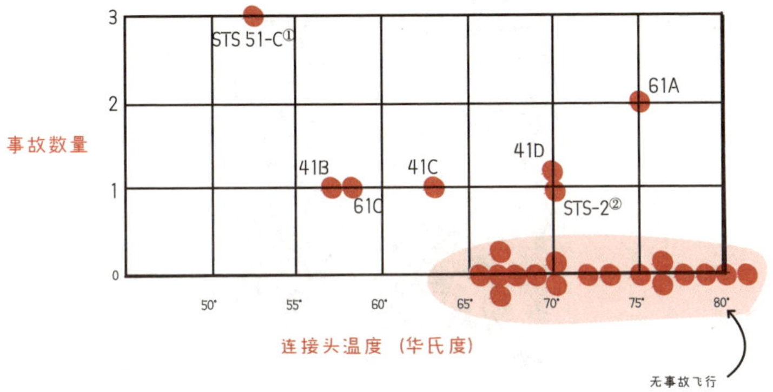

图 6.7 连接头温度与事故数量的关系

费曼想到，在总统委员会的听证会上摆放一个连接头模型，

---

① "STS"代表"航天运输系统"，"51"代表该任务是第 51 次预飞行，而"C"表示它是该任务编号字母序列中的第三个任务。——编者注

② "STS-2"代表 NASA 的航天飞机计划中的第二次载人飞行任务。——编者注

模型内部就有用橡胶制作的 O 形圈。他只需要一把钳子，从连接头中取出 O 形圈，再用一个小 C 形钳夹住 O 形圈。费曼在他在华盛顿住的酒店旁边的一家五金店里，买到了这些工具。等到他上场发言时，他的每个口袋里都装着一件工具，面前放着一杯冰水。

1986 年 6 月，向总统提交的"关于'挑战者'号航天飞机事故的报告"公开发表。报告的结论是，这场灾难由 O 形圈失效引起，导致"在火箭发动机推进剂燃烧过程中，防止热气从连接头泄漏的密封件损毁"。[16] 该结论早在理查德·费曼数月前那场令人难忘的展示和讲述中，便已有了雏形。费曼原本可以只靠语言表达他的观点，但是这种方式不具备他在现场直播中实时进行实验时产生的强大张力。

有力的演示

抢劫银行

在麦肯锡，我们有两位非常出色的同事，特德·哈尔和唐·沃特斯。他们在为位于旧金山的美国联邦储备银行担任顾问期间，发现了金库所在的建筑周围安全性较弱，而金库中存放着美联储的全部资产。唐·沃特斯回忆道："我们注意到，岗亭的防弹玻璃门似乎是由一个灭火器撑开的（我们后来得知这里的空调机组坏了，需要维修）。据我们观察，一个星期中每天晚上都是如此，我们便开始担心银行的安全性。"[17]

当时的银行普遍雇用的安保人员都是退休警察和退伍老兵，装备也只有手枪。哈尔和沃特斯无法让这些年长的保安认同他们的担忧，所以便与银行行长约翰·巴利斯密谋了一起实实在在的抢劫。

就在保安的眼皮底下，哈尔和沃特斯上了一辆每天运送食物的货车，来到了银行的装卸平台，这个装卸平台也被用于运输货币。沃特斯讲述了当时的情景："那辆基尔帕特里克面包货车停在车道上，我们三个人从车子后面跳出来，经过被灭火器撑开的岗亭门冲上了楼梯（有一名保安'倒下了'），进入银行（又有两名保安'倒下了'），直接下楼前往金库。"沃特斯的"同伙"哈尔接着说：

在金库周围的安全区域后面，我们知道那里有一个通往地上街道的紧急出口。我们还知道有人在那里存放了一把断线钳，当安全区域发生紧急情况时，金库的工作人员可以用它来逃生。我们回到那里，就在炉子后面，找到了那把断线钳。[18]

美联储银行的安保团队没有在演示现场，而是跟随旧金山的警察一起过来，持枪待命。沃特斯说："他们发现银行行长巴利斯双臂交叉站在他的两名同谋面前，挡住先遣队进入金库的通道，哈尔守着三辆装满衣服的洗衣车，我的手臂伸向天花板，手上拿着电梯挂锁上的断线钳，正准备下钳子。"紧张的局面很快解除了，但是哈尔和沃特斯的目的已经达到了。

160

哈尔和沃特斯安排的这场戏剧性的演示，推动了美联储安保措施的巨大改革，涉及运送方式、入口管理以及装卸区的进出管理。对于银行的管理层来说，千言万语都抵不过这场抢劫表演给他们带来的震撼。

迎合价值观

框架胜过事实

有关问题解决的训练使我们笃信事实，坚信当我们摆出事实、亮出分析时，客户就会采纳我们的建议。我们经常使用上文提到的演示等展示和讲述技巧，以进一步说服听众采取行动。

通常，这种方式对于企业和非营利组织的领导层颇为适用。然而在更广泛的公共政策领域，有效的解决方案可以说具有更重要的意义，人们对于事实经常存在根本性的分歧。这总能使我们想到一幅《纽约客》漫画（如图 6.8 所示）。

心理学家乔治·莱考夫提出，框架是一种有效的方式，有助于解决人们因对事实持不同看法而产生的争论。莱考夫阐述道："如果我们告诉人们事实，而人类基本上是理性的，他们都将得出正确的结论。但是，根据认知科学，我们知道人类并不是这样思考的，他们是通过框架进行思考的。如果事实与某个框架不相适应，那么这个框架将被保留下来，事实则会被逐出框架。"[19]莱考夫建议，在竞争环境中要不断地重新架构问题，问题常看常新。她还强调，理解竞争参与者的价值观具有重要意义。道德心理学家乔纳森·海特提出了相似的观点，即"人们会结为有着共同道德叙述方式的政治团体。他们一旦接受了某种特定的叙述方式，就会对其他道德世界视而不见"。[20] 人们对于事实亦是如此。要想找到和传达有效的解决方案，你就不得不以大家都认同的方式组织价值观。

图 6.8　各种各样的"事实"
资料来源：THE NEW YORKER (1977).

现在你已经知道了，在政策领域，框架可能胜过事实，你将如何设计具有说服力的展示和讲述？在这方面，我们可以向气候科学家凯瑟琳·海霍学习经验。她是一位母亲，也是大自然保护协会的首席科学家，坚持不懈地倡导寻找应对气候变化的解决方案。作为一名科学家，海霍十分看重事实。但是她也清楚，事实不是全部。她构建框架的第一步是提出"你是谁，为什么关心"气候变化。[21] 例如，她曾在领英分享了一个事实，即 83% 的母亲都相信气候变化正在发生，气候变化是人口中占有大比例的群体拥有的共识。这里的共同价值观是父母对子女未来的担忧，它在不同的政治视角下依然受到广泛的支持。这个共同的价值观为我们提供了机会，让我们得以在信念不同的人群中搭建桥梁，分享故事，用大家都认同的叙述方式制订解决方案。为了说服他人，我们需要了解他们看重的价值是什么，将解决方案与这些价值的实现联系在一起。

情绪和行动是有效讲述的关键元素，不受文化背景的影响。例如，在古代汉语中，关于说服，有 6 种不同的表达方式，关于情与理，也有更全面的阐述方式。我们最欣赏的方式是"现身说法"，即用自己的行动影响他人，就像诺贝尔奖得主理查德·费曼和巴里·马歇尔那样。[22]

在你的企业中运用展示和讲述

你可能还没有准备好让你的首席科学家自己试药，或者让你的董事会成员在一众监管者面前完成一场重要实验。不过，我们有多样的展示和讲述方案，可以适配许多不同的情况。

1. **列出在你的企业中运用展示和讲述的各种方式和时机。** 你最有可能列出的场合包括产品发布会（想一想史蒂夫·乔布斯经典而不朽的苹果手机发布会）、员工培训会以及战略讨论会。但是，并非只有大型活动才需要使用展示和讲述。在许多小型会议中，这种思维方法可以产生巨大的影响力，引发思想变革。以高层沟通为例，为了详细了解在 2019 年澳大利亚森林大火的救援工作中一线人员发挥的作用，由罗伯特担任董事的慈善理事会举办了一次工作会议，理事会从一个遭受严重火灾侵袭的社区邀请了两名女性志愿者凯莉和金姆参与这次会议。这些一线人员在救援工作中发现了幸存者，建立了避难场所，并为无家可归者寻找食物。一线志愿者的讲述生动质朴，直击人心，突出体现了社区如何竭尽全力从火灾中恢复。理事会深受震撼，以社区为中心有效应对自然灾害的解决方案引起了成员们的极大兴趣。

2. **培养讲述能力。** 对于顶着"首席讲述官"头衔的人，我们不再感到惊讶。不过，多数企业在培养优秀的叙述技能方面仍然有待加强。面对乏味的事实和平淡的 PPT，持怀疑态度的听众早已厌倦不已，想要激发他们做出改变实属难事。大自然保护协会会帮助其 1 200 位理事强化能力，使他们练就强大的讲述技能，以便吸引听众，推动慈善捐赠。

3. **练习重新建构框架。**有关气候变化的争论普遍为：支持者会说，我们需要做出郑重承诺，将气温变化幅度限制在 2 摄氏度以内；反对者会说，这种承诺将导致就业机会减少，引发社会动荡。在这段对话中，双方各执一词。我们需要用新的框架改变这种一成不变的辩论。例如，《福布斯》杂志最近发表了一篇关于阿巴拉契亚改变以煤炭为中心的经济模式，开展经济转型的文章。[23]这篇文章阐述了可再生能源领域探索新型技术的工作，挖掘了阿巴拉契亚如何利用输电线基础设施出口清洁能源，并说明了该地区为什么是地球上碳捕获最重要的三大生态系统之一。这篇文章没有聚焦失业威胁，而是将论述的焦点转向了当地的经济转型。

4. **与你的首席执行官一起谋划。**在有风险的情况下进行展示和讲述时，如果首席执行官能与你共同谋划，将事半功倍，正如我们在美联储银行"抢劫"的案例中所看到的。在这个网络安全备受关注的时代，有一种展示和讲述的方法可能能够引起自满的同事的注意，那就是进行一场网络攻击演练。这种演练可以测试网络防御系统，暴露薄弱环节，甚至有可能获得重要客户毫无保留的反馈。

5. **利用出其不意的新鲜感。** 在激发思想变革方面，出其不意的新鲜感可以带来无穷的价值。如果有人演讲不用PPT，或者有人参加一场两个小时的会议只准备了一张图而不是好几页的幻灯片，在这个时代足以达到出人意料的效果。在面向一个大型慈善基金会的理事会的演讲中，一位战略主管仅用一张图表就吸引了所有人的注意力。一方面，这张图（图 6.9）显示了失业、教育不完整以及家庭暴力导致的社会处境不利，另一方面，图中也突出了改善糟糕的社会处境的途径，包括职业培训计划、向母亲提供幼儿护理支持。这种方式提供了一种简单却有效的表达。

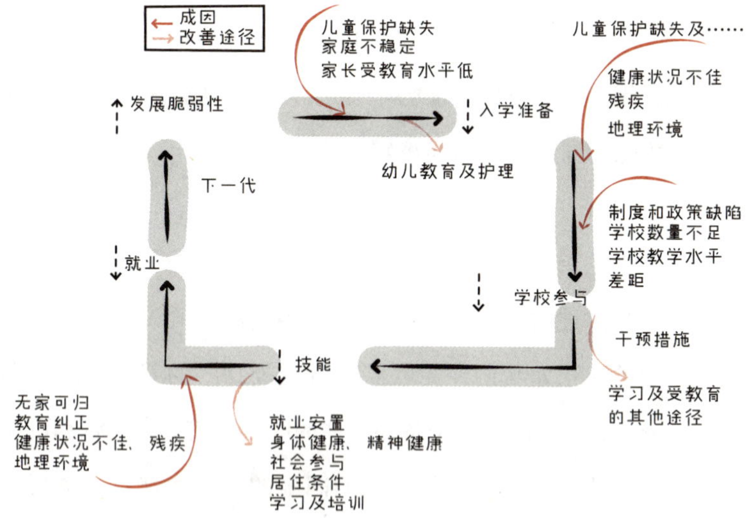

图 6.9　社会处境不利的原因及解决方案
资料来源：PAUL RAMSAY FOUNDATION, 2019.

在解决问题的过程中，使人们采取行动这一步，始终是我们在工作中面临的严峻考验。在当今这个时代，尽管有更多可用的数据和可视化工具，但是促使人们采取行动却变得难上加难。运用展示和讲述的思维方法，化身为戏剧导演，利用道具、剧中人物和剧本，上演一部迷你剧。这是在高度不确定的情况下解决问题的最后一步，而如今，这一步对于完成我们的工作具有尤为重要的意义。

第 7 章

结语：任何战略
都是一场赌博

帕斯卡的赌注

大约在 17 世纪中期，法国哲学家布莱士·帕斯卡正纠结于人生最大的难题之一：是否应该相信上帝的存在。这并非一个随便的猜想，对于帕斯卡来说，它事关人类的存在。如果上帝存在，而帕斯卡没有相信，那么他将永远承受地狱的苦难。帕斯卡感到十分痛苦。他记录道："若我没有看到任何神迹，我可以让自己坚定不移地否认上帝的存在。若神迹俯拾即是，我可以安然平静地相信上帝的存在。然而，我所见的神迹既不足以令我否定他的存在，又不足以令我相信他的存在，我陷入了这种可怜的处境。我千万次地祈愿，如果上帝真的存在，那么定会有清晰明确的证据显示上帝的存在。"[1]

帕斯卡认为这有如一场赌博——一场关于神明是否存在的赌博——如果赌输了，下场将十分惨烈。在他看来，这是人人都不得不做出的决定，这个决定在根本上充满了不确定性。我们在死亡之前无法证实上帝的存在。我们无论是否情愿，都必须面对这一未知，做出抉择。而且，两种抉择的回报并不对等。如果你信仰上帝，而上帝实则不存在，你不需要付出多少代价——无非是去教堂花费的时间，也许还有往捐款盘中投入的金钱。但是，如果你不相信上帝，而报复心切的上帝确实存在，那么你将承受永无止境、无边无际的诅咒。这个哲学问题被称作帕斯卡的赌注（如图 7.1 所示）。

自然的状态	相信上帝	不相信上帝
上帝存在	上天堂	下地狱
上帝不存在	做礼拜的成本	0

图 7.1　帕斯卡的赌注

我们不知道这个问题在神学层面的优劣，但是，凡是学习过如何做决策的人，无论对上帝是心怀虔诚，还是毫无敬畏之心，都会承认，这是一个逻辑清晰的框架。[2]帕斯卡的赌注的结构可以帮助我们看清，任何在不确定情况下有待解决的问题都包含的重要元素。这个框架向我们展示了，所有战略都是对不确定的未来下注；我们难以预先评估每种结果的概率；我们不仅要考虑行动的代价，也要将不行动的代价考虑在内；在高难度的情况下，我们没有实验的机会，只能通过小的失败来积累经验。认知心理学家、前职业扑克玩家安妮·杜克说："做决定永远都是在打赌。

我们习惯性地做抉择，以资源为赌注，评估不同结果的概率，考虑我们重视的是什么。"[3]

这个简短的结语章节旨在指导读者在应用本书所讲的思维方法之前，首先了解战略问题的本质，即弄清你对问题结构的了解情况、下一步行动涉及的风险，以及不确定性的本质。你如果对这些内容缺乏清晰的理解，就会在解决问题时铸成大错。帕斯卡能够用一个决策矩阵清晰地呈现他的问题，本章也旨在使你能够同样清晰地理解眼前的决策问题。即便略过本章内容，你依然可以运用六个思维方法，但是我们认为，良好的准备将为你带来更好的结果。

了解问题的结构

帕斯卡的难题虽然内容严肃，但是结构相对简单：只有一个其他参与者（上帝，要么存在，要么不存在），一种最终状态（不可逆转的死亡），以及两种潜在回报（上天堂或下地狱）。如前文所示，我们可以轻松地用一种简洁的方式表述帕斯卡的决定，将这三个要素全部包含在内。

并非所有问题都像帕斯卡的赌注这样容易展现！但是，无论你在什么情况下面对一个问题或者一个决策，最好的方法都是先了解其结构。在理想的情况下，你可以用博弈矩阵或决策树阐明你做出的选择的本质。正如我们在引言中看到的，诺贝尔经济学奖得主赫伯特·西蒙称，问题解决就是"以更加简约的方式展示问题，从而使解决方案一目了然"。他指导我们"建立一个真实情景的简化模型，以便找出解决方案"。[4] 我们找到了一个颇为有效的方式，即用博弈论术语（参与者、博弈局、时间框架、选择和结果）来描述问题结构（如图 7.2 所示）。让我们看一看这几个问题结构的要素。

要素	思考要点
其他参与者	• 有几个人？ • 他们的选择是否影响我的结果？
博弈局数	• 多局博弈可以提供学习的机会，让我们有机会尝试不同的策略，甚至可以提升我们的竞争力。
可逆性和不可逆性	• 不可逆性增加了风险，限制了学习机会。
二元选择或连续选择	• 非二元选择或分散结果可以提供低成本学习和建立合作的机会。 • 赢者通吃的博弈十分残酷！
时间框架和固定战术	• 当决策或选择涉及较长期的事情时，人们有更多时间去收集信息，以减少对不确定性的担忧。 • 固定战术在短时间框架内更有利。

图 7.2　了解问题的结构

其他参与者

对于许多类型的问题，选择并不取决于其他参与者的行为，至少表现得不明显。在这种情况中，决策树是将问题结构可视化的有效方式。例如，如果你正打算购买一辆电动汽车，而不是传

第 7 章 结语：任何战略都是一场赌博

统的内燃机汽车，你主要关心的是汽车持有期内的成本，以及潜在的碳足迹减少量，那么补贴和充电网络政策可能会改变并影响你的决策。你在购车时可以了解一下相关的信息。一位购车者要在丰田凯美瑞内燃机汽车与特斯拉 Model 3 电动汽车之间做选择，决策树是解决这类问题的有效模型（如图 7.3 所示）。从下面的决策树来看，电动汽车是不是轻松获胜了？

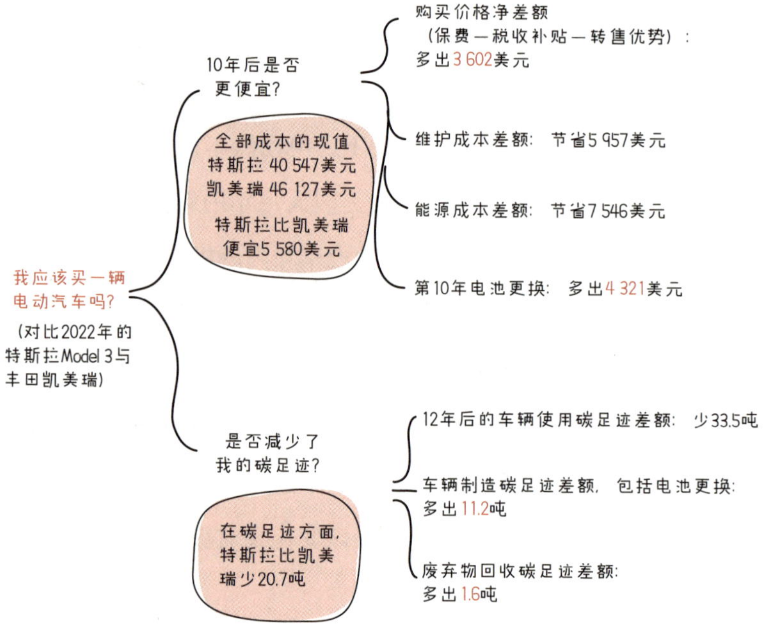

10年后是否
更便宜？

全部成本的现值
特斯拉 40 547美元
凯美瑞 46 127美元
特斯拉比凯美瑞
便宜5 580美元

购买价格净差额
（保费－税收补贴－转售优势）：
多出3 602美元

维护成本差额：节省5 957美元

能源成本差额：节省7 546美元

第10年电池更换：多出4 321美元

我应该买一辆
电动汽车吗？
（对比2022年的
特斯拉Model 3与
丰田凯美瑞）

是否减少了
我的碳足迹？

在碳足迹方面，
特斯拉比凯美
瑞少20.7吨

12年后的车辆使用碳足迹差额：少33.5吨

车辆制造碳足迹差额，包括电池更换：
多出11.2吨

废弃物回收碳足迹差额：
多出1.6吨

假设：案例发生在美国；每年行驶10 000英里；电网使用60%化石能源；12年车辆持有期；第10年更换电池。

图 7.3 电动汽车决策

2022 年，购买一辆电动汽车的成本要比本书写作时多出 17 000 美元，但是考虑到税收抵免以及运营成本下降，美国特

175

斯拉购车者 10 年拥有成本的总现值比凯美瑞低了约 5 580 美元。尤其考虑到 2022 年，与税收补贴关系密切的电动汽车价格上涨速度超过了内燃机汽车，2022 年与本书写作时的价格差距并不算很大。

然而，电动汽车是否能比内燃机汽车更大程度地减少购车者的碳足迹呢？你一定觉得这个问题很容易回答，但实际上没有那么简单。没错，使用大约 40% 非化石能源的美国电网，的确令电动汽车在使用期间的碳排放比内燃机汽车更有优势。然而，这种碳优势会被车辆制造和废弃物回收产生的碳排放抵消一部分，尤其是在第 10 年更换电池的情况下。电动汽车在 12 年内的净碳排放优势仅为 20.7 吨，鉴于一般美国人每年的碳排放量约为 20 吨，这并不算多。因此，虽然电动汽车和内燃机汽车相比有一定的优势，但是从成本或隐藏的碳排放量来看，优势并不大。

在这类情况中，问题围绕着单一的行动人（你）展开，决策树就可以很好地展现问题的结构和解决方案。当假设发生相对较小的变化（如电网燃料构成、补贴水平、电池更换、行驶里程方面的变化）时，决策树还可以凸显该变化会对决策结果产生怎样的影响。

对于其他问题，其他参与者的行动或选择可能会对决策结构产生重要影响。在诸如国际象棋等体育项目或游戏中，对手的每一步都会影响你下一步的选择和获胜的概率。许多商业决策亦是如此，其结果会受到竞争者战略举措（定价、新产品、新市场）的影响。例如，2011 年，以色列一家食品公司特努瓦（Tnuva）

认为，茅屋奶酪的本地需求可以支持该产品涨价15%（据说，在以色列，如果有一件大家都认同的事，那就是人人都爱吃茅屋奶酪）。然而，当时恰逢脸书盛行，消费者在网络上组成一个个小团体，最终演变成大规模的抗议，坚决抗议和抵制该产品涨价。很快，政府实施了涨价调查，最终实行了价格管控，使得茅屋奶酪的价格降低20%。特努瓦本该更多地考虑其他参与者对定价战略的反应。

博弈局数

如果你的问题只有一个决策点，那么你将没有机会学习，没有机会尝试不同的策略，或者影响其他参与者的行为。如果有许多局，你就能有机会更好地了解这场博弈的特点以及其他参与者的行为，在此过程中研究出更好的策略。

你一定熟知囚徒困境。有两名罪行轻微的罪犯，二人作为共犯分别接受盘问。他们都面临着一个问题：如果我保持沉默，同时我的同伙也保持沉默，这样我们两个人仅需坐牢一年；如果我背叛同伙，但他仍然保持沉默，他就要坐牢三年，而我则有可能无罪释放，我要怎么做？这个问题的陷阱在于，如果二人都背叛了对方，就都要服刑两年，共计四年（见图7.4）。最好的结果是，二人均保持沉默（共计服刑两年）。然而，背叛对方就可以被无罪释放的诱惑太大了，因此囚徒困境的结果常常是二人均选择背叛，得到最坏的结果。在单局博弈中，没有机会向对方发送信号，糟糕的结果几乎不可避免。

六个方法，解决难题

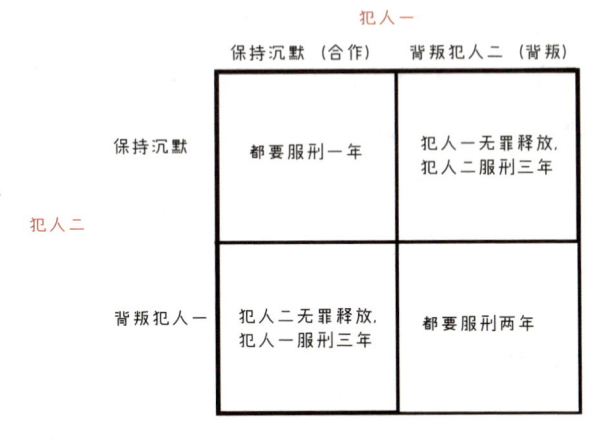

犯人一

	保持沉默（合作）	背叛犯人二（背叛）
保持沉默	都要服刑一年	犯人一无罪释放，犯人二服刑三年
背叛犯人一	犯人二无罪释放，犯人一服刑三年	都要服刑两年

犯人二（左侧标注）

图 7.4　囚徒困境

　　政治科学家罗伯特·阿克塞尔罗德通过计算机模拟和现实竞赛向我们表明，在不设置明确终点的情况下，多次破解囚徒困境可以促进参与者之间的合作。这个反转耐人寻味。参与者都保持沉默，实际上可以取得更好的共同利益。他们需要如何行动？在这种情况中，最佳的解决策略就是以牙还牙：永远不做第一个背叛的人，在下一局中模仿对手的行动——奖励合作，惩罚背叛。请注意，该策略提出了一种宽恕机制：如果对手在这一局选择保持沉默（合作），即使他在之前背叛过你，你也要模仿他，用合作作为奖励。

　　与囚徒困境有着相似结构的问题在商界很常见。想一想展开价格战的相邻加油站和各大超市，为热门航线竞争的航空公司，调整消费者利率的各大银行。如果只有一轮竞争，没有学习的机会，那么个人参与者总是会做出只对自己最有利的选择，这会导致所有人都得到不好的结果。如果有多轮竞争，双方或许可以学

178

习如何合作。这种情况对公司有利，但是对消费者不利！

这种策略与我们的原则完全一致，即将不完美主义作为解决问题的关键思维方法：通过小规模举措探查风险，揭示有关问题结构的信息，评估概率，判断其他参与者的行为，积累知识，然后再采取更高级别的举措。

可逆性和不可逆性

有时候，决策是可逆的。你可以尝试一种方式，评估结果，如果对结果不满意，可以推翻初始的选择。如果成本足够低，那么为了学习付出代价是值得的。亚马逊创始人杰夫·贝佐斯将企业战略举措分为不可逆决策和可逆决策。他还强调，对于可逆决策要具备快速拍板的能力，这一点十分重要。亚马逊喜欢大胆行动，从风险较小的决策中积累经验。贝佐斯在 2015 年致股东的一封信中阐述道：

有些决策产生的影响十分重大，并且不可逆转，或者几乎不可逆转，属于单向选择。做出这类决策时，必须有条不紊、小心翼翼、放慢脚步、深思熟虑，并进行充分的协商和讨论……但是，大多数决策并非如此——它们是可以改变、可以逆转的……你不必长期承受其后果……（这些）决策可以也应该由具备优秀判断力的个人或小型团队快速做出。企业随着规模不断扩大，似乎形成了这样一种趋势——对大多数决策均采用高级别的……决策流程……这样做的结果就是，流程缓慢，不假思索地规避风险，实验不足，最终导致创新减少。[5]

但是，大型公司，尤其是传统产业的公司，真的能够以这种方式做出重大决策吗？可以。关于可逆决策，有一个很好的例子。由于在口味盲测中人们更喜欢百事可乐，可口可乐公司在1985年推出了一款新可乐，结果以失败告终。可口可乐公司自从1886年推出第一款可乐以来，从未改变过它的秘方，足足坚持了99年！然而，不断下滑的市场份额以及盲测结果最终迫使可口可乐的高管层冒着风险更换了可乐的配方。这个决定引发了消费者的强烈不满，他们打爆了可口可乐公司的投诉热线。首席执行官罗伯特·戈伊苏埃塔收到了一封表达愤怒的信，收件人为"可口可乐公司首席傻瓜"。（他后来开玩笑地表示，员工居然知道收件人指的就是他，他对此不太开心。）[6]新可乐仅仅上市了79天，可口可乐公司就将老款可乐以可口可乐经典款的名义重新推出。在经典款面前，新可乐黯然失色，最终于2002年彻底销声匿迹。尽管这次失败使可口可乐公司在短期内付出了代价，但是事实上这个决策是一次营销利好，推高了经典款可乐的销量，同时也使公司加深了对消费者的了解。最重要的是，这个决策是可逆的。

二元的或连续的

另一种思考决策本质的角度是，判断选择和结果是二元的还是连续的。对于某一个策略，你如果可以先尝试迈一小步——以低成本进行小规模实验，就可以通过小规模的成功或失败获得经验教训，从而改进策略。你还可以向竞争对手展示意图，或许可以获得合作共赢的结果。反之，二元选择、单局竞赛以及赢者通吃的结果都不能促成迭代学习或互相合作。这些才是真正需要小心应对的情况。

时间框架和固定战术

当时间紧迫，选择不可逆转以及结果呈二元性的时候，问题解决者就会感受到压力。在压力之下，退后并采取传统保守的解决方案，这是人类的天性。善于解决问题的企业寻求通过制定固定战术，来对抗这种倾向。固定战术是我们从体育和戏剧领域借用的概念。在体育领域，训练人员会设置未来可能出现的困难局面，进行比赛演练。他们会通过书面战术和场地训练将比赛预先演练一遍，制定一些替代策略。想一想足球比赛中的角球或点球，球队会练习一些球员和教练认为能够突破防守、进球得分的固定打法。以"帕内恩卡勺子点球"为例，当主罚点球的球员大胆地将球轻轻吊向中路时，他相信守门员会向左或向右奋力扑球。这种踢点球的方式以捷克足球运动员安东尼·帕内恩卡的名字命名，他在与强队联邦德国的一场比赛中，凭借这一招精心演练过的战术技惊四座。一些球队甚至拥有负责固定战术的教练。

许多企业会采用类似的方式评测战略选择，即"红蓝对抗"或"战争游戏法"。其中一方负责论证某项战略选择的合理性（"演示该战略如何带来好的成果"），另一方则负责攻击这个战略，指出其中的漏洞。美国高科技公司戈尔（WL Gore）甚至设置了神枪手奖项，奖励最善于发现问题的员工。[7]

与此相关的一项技巧叫作事前分析，是企业有效解决问题的利器。企业会假设，即将执行的某项决策失败了，进而详细地推演可能出现的情况。通过这种方式，关键行动人可以预先思考采取哪些措施缓释风险，防止不良结果的出现。固定战术和事前分析是思想实验的两种形式，这两种方式可以减轻企业在解决问题当天所要面对的时间压力。

权衡风险

解决问题就是为未来下赌注，因此，我们需要清楚赌注是什么，或者成本是多少。具体而言，就是要评估每一步战略举措的成本，包括按兵不动的成本，还要权衡每种潜在结果的收益情况。老练的问题解决者会特别小心地避免"过度乐观"，他们会如实地根据参与竞争的成本（也有可能是失败的成本），衡量自己的资源和能力。资本雄厚或具备借贷能力的人或企业可以尝试更具挑战性的战略。资金有限的人或企业则更适合考虑风险较低的战略举措。

请记住，人类在决策时会带有多种类型的偏见。过于自信的决策者会低估做错的成本，高估做对的收益。通常，他们容易陷入可得性偏差，他们的意识停留在过去积极的经验中，这会影响他们对新问题的思考。尼古拉斯·塔勒布描写过在投资行业出现的这类错误。[8]金融交易员在买入的资产增值后，喜欢进行"反向拟合"，即用一个理论或模型解释资产增值的原因，通常来讲，这种解释是完全错误的。在下一次交易中，他们就会采用这个模型，坚信自己已经发现了战胜市场的秘诀。而事实通常是，他们并没有发现。

如前文所述，过度自信的另一面正是风险规避，大多数企业由此受到的威胁更大。[9]管理者投入大量时间和精力记录和评估过失的成本，即采取某些行动导致的不良后果。大型企业的风险委员会都会仔细评估各项潜在失误，针对这些风险制订防控计划。这种做法自然有其合理性，但是风险委员会几乎从不评估不行动的成本，即遗漏的风险。

风险管理错误通常分为第一类错误（犯下错误）和第二类错误（错失或遗漏机会）。成功的老牌企业在面对新兴企业带来的风险时，经常会犯这两类错误。你可以回想一下引言中讲到的媒体行业。20世纪90年代中期，面对蹒跚学步的新兴互联网企业，老牌纸媒的管理者过分低估了这些挑战者取得成功并影响报纸业务的可能性。他们指出，报纸行业拥有数百年生产优质内容的经验，长期占领着本地广告市场。这些当然是真实存在的巨大优势。但是，他们忽视了这些新竞争者的两大优势，一是由用户创作的内容，二是关于汽车、房产和就业岗位等的更出色的线上营销策略。他们没有想到，互联网企业后来居上，摧毁了报纸业重要的盈利来源——展示性广告和分类广告。纸媒企业对自身面临的竞争风险或胜算概率没有清晰、明确的认知。

183

预测潜在结果及其概率

要想恰当地理解你所面临的问题，第三个要素就是了解风险的本质及其等级，从而估计每步举措的胜算。长久以来，学术界致力于区分风险与不确定性，前者是概率可以被衡量的不确定性，后者的概率则无法被估算（有时被称作奈特氏不确定性，以法兰克·奈特的姓氏命名）。经济学家约翰·凯和默文·金提出了极端不确定性，与物理定律或概率博弈的情况不同，这种不确定性无法被充分描述或衡量。他们表示，面对这种不确定性，"传统的统计推断鲜少奏效，预测往往难以开展"。[10]

在我们身处的真实世界，不确定性有多种类型。在随机事件与人类反应错综复杂的交织中，现实逐渐显现。通常，我们在实际生活中遇到的情况复杂多变，不像在轮盘赌桌上那样，可以轻易地知道概率是多少。新冠感染疫情就是一个明显的例子：人类与疫情产生了复杂的相互作用，疫情对健康和经济产生了影响，人类此前对新型冠状病毒了解甚少，估算相关概率的能力也十分有限。

美国总统的不完美主义

美国前总统哈里·杜鲁门曾在他的办公桌上放着一张写有"责任止于此，不要推给别人"（The buck stops here）的铭牌，意思就是，不要逃避做决定。其他人已然"推卸了责任"，到了总统这里，总统必须做出决策。但是，总统的决策就能带来成功的结果吗？60多年后，总统巴拉克·奥巴马阐释道："落到我的办公桌上的问题，无论事关国内还是国外，都没有百分之百明确的解决方案。如果这种解决方案存在，那么早就有人把问题解决了。我不断地在与各种概率打交道。比如，决定按兵不动有 70% 的可能性会导致重大失败；这种方法与那种方法相比，有 55% 的概率可以解决问题（结果完全符合预期的可能性为 0%）；有 30% 的概率，无论我们的决策是什么，都不能解决问题；还有 15% 的概率，我们的决策会使问题恶化。在这种情况下，追求完美的解决方案会使我们瘫痪。"[11]

基于直觉的猜测有可能大错特错。正因如此，"认知谦卑"是我们在不确定的环境中进行决策的关键之一。根据埃里克·安格内尔的论述，"认知谦卑"就是"……意识到我们的知识总是暂时的、不完全的，或许还需要根据新证据进行修正"。[12] 我们在介绍当下行为的思维方法时讨论了如何通过获取新信息改进认知，这一点对于在不确定的条件下成功解决问题至关重要。

对于不确定性的本质，没有通用的判断方法，不过，有几位前同事研究出了一个简单的框架，我们认为很有实用性（如图 7.5 所示）。[13] 该框架将不确定性划分为 5 个层级，第一层级是已知的未知——你知道不确定性的来源，可以合理地预测概率。这种不确定性的典型例子就是预测下一年的手机销量。

第二层级的不确定性包含多种未来的可能性，比如由于政府政策改变，或者诞生了一项新技术而引发了新变化。我们可以了解不确定性的构成要素，对二元性结果进行合理预测。英国脱欧就是很好的例子。

六个方法，解决难题

不确定性水平		如何定义不确定性	案例
未知的未知	5	出乎意料或不可预见的情况	大型陨石撞击地球
	4	真正的模糊性——难以预测	2050年的海平面高度
	3	未来状态的范围更广	2030年的能源使用结构
	2	有多种可能的未来状态	英国脱欧
已知的未知	1	可以合理预测的未来状态	手机销量

图 7.5 不确定性水平是多少？
资料来源：HUGH COURTNEY, MCKINSEY QUARTERLY.

第三层级的不确定性覆盖的未来状态范围更广。当不清楚哪一种情况发生的概率更高，关键变量会导致怎样的结果时（比如，2030年的全球能源使用结构），概率评估的难度会变得越来越大。

第四层级的不确定性指真正意义上的模糊性，在这一层级，描述未来状态的范围以及可能主导未来状态的系统的本质虽然颇具挑战性，但是并非不可实现。例如，预测在多种相互关联的复杂因素影响下2050年的海平面高度，或者，预测2050年南极洲将有多大比例的区域可以完整地保存下来。

最后，第五层级的不确定性就是未知的未知，对此，我们甚至无法构想出影响未来状态的全部变量。约翰·潘兴还是一个小男孩的时候，目睹了美国内战中的一场小规模遭遇战——一种被称为"丛林袭击"的游击战。潘兴虽然日后在第一次世界大战期间成了美国驻欧洲军事司令，但是年幼的他当时无论如何都不会想到，他将在数十年后亲身见证另一种战争形式——20世纪40

186

年代使用核武器的战争。

当你的问题具有第一、二层级的不确定性时，你可以对潜在结果及其概率做出有根据的猜测。你如果具备良好的能力、资源以及充足的时间，还可以更大胆地下注。当你面对第三、四层级的不确定性时，或者当你的能力和资源不足时，最好采取较小规模的行动，循序渐进地探查风险，加深了解，构建能力。对此，我们在《不完美主义》一章中已做阐述。

* * *

在现实生活中解决战略性问题都是在对未知世界下赌注。我们希望你通过有效了解问题的结构、风险及概率，采用六个思维方法，成为训练有素的不完美主义者，克服风险规避的习惯，胸有成竹地走向不确定的世界。

附录
所有问题，七步解决

成功解决问题的七步法则

在《所有问题，七步解决——解决一切复杂问题的简单方法》中，我们提供了一套严谨的问题解决法则。其魅力在于，这一套系统化过程可以用于解决几乎所有类型的问题，无论是简单明了的问题，还是错综复杂的问题。通过这套简洁而严谨的法则，我们可以确定问题，将问题拆解为易于管理的几部分，运用有效的分析工具分析其中最重要的部分，最后通过整合分析结果，有力地阐述解决方案。七步法则完美契合了本书所阐述的六个思维方法。

第一步：定义问题。解决问题的首要之举，就是清晰地界定你面临的问题。这种界定应该做到相对地简洁明了。未对问题做出有效的界定，会在解决问题的过程中带来许多意想不到的失败。有时，团队和个人急于收集数据或咨询专家，却忽视了要仔细地明确问题的边界、成功的标准、时间框架，或者所需的准确度。

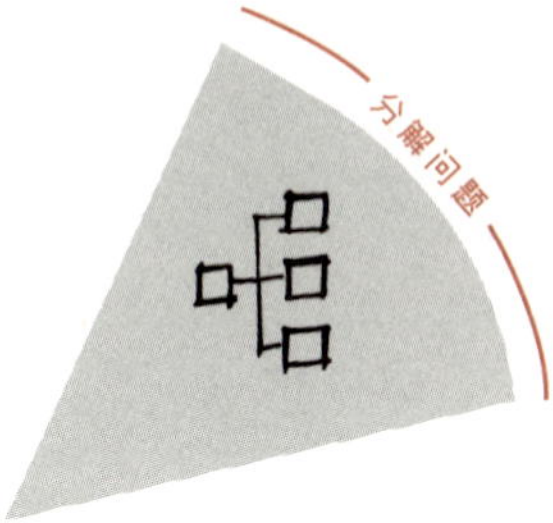

第二步：分解问题。任何一个重大的问题都十分复杂，要想解决这样的问题，必须按照逻辑将其分解，以了解问题的动因或起因。我们会利用切分框架测试不同的逻辑树结构，观察哪种结构能够最大限度地呈现解决路径。你会惊奇地发现通过某种逻辑树，一个巧妙简练的解决路径就能够清晰地呈现出来。

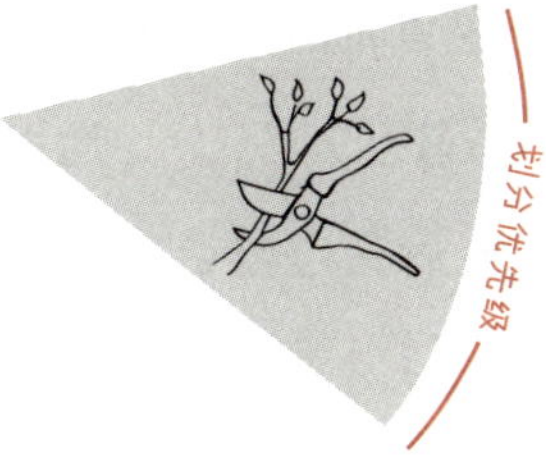

第三步：划分优先级。做什么与不做什么，对于成功地解决问题而言同等重要。有效地划分优先级可以使我们更快速、更轻松地找到解决方案。我们在绘制逻辑树的时候，最开始既要尽量确保各个部分不相互包含，又要确保整个逻辑树内容全面、详尽，以便呈现出问题的全貌。接下来，对于那些对问题的影响很小，或者造成影响的难度极大，乃至没有可能造成影响的元素，我们要予以清除。我们必须先对逻辑树进行修剪，再开始投入时间和精力进行规划和分析。

附录 所有问题，七步解决

第四步：制订工作计划和时间表。对问题的各个组成部分完成分解和优先级排序后，就可以将每个部分嵌入事实收集与分析的计划中。该计划为各项分析任务安排相应的团队成员，并且列出具体的产出成果和完成日期。优秀的工作计划还应包括一定的团队规范，旨在形成多样性观点、促成角色扮演以及实现层级扁平化，从而避免偏见，得出更好的解决方案。如果能够快速地给出出色的答案，那么整个项目的推进速度都会得到提升。

第五步：分析问题。对于问题的各个组成部分，我们通过简洁的启发法和汇总统计的方式入手，先对问题有一个清晰的了解。这有助于我们辨明需要在哪一步使用更高级的分析技术，包括多元回归、博弈论、蒙特卡洛模拟以及机器学习。分析技术的选择取决于我们是否需要知道某一个动因的值或者预测一个结果，也取决于其他参与者的行为是否会影响答案。

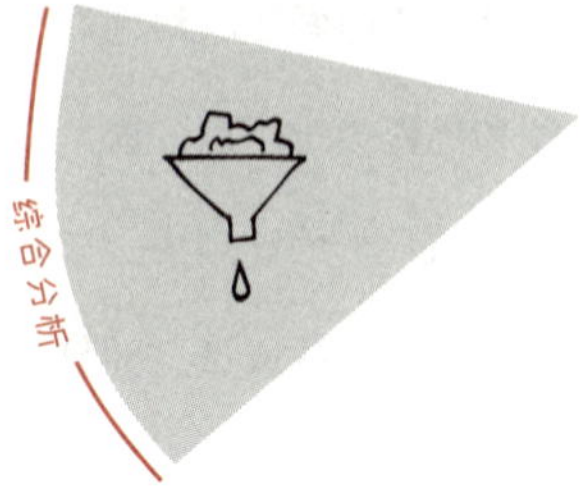

综合分析

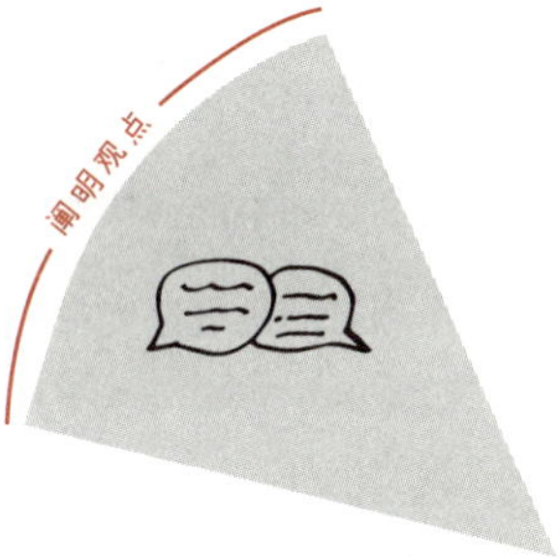

阐明观点

第六步和第七步：综合分析及阐明观点。有效的解决问题方式将促使决策者采取行动。将分析结果融入论述的时候，一定要采用支持性数据。由此，我们将以变革为主旨形成一套完善的论述大纲，并且在成功标准（由决策者提出）、问题边界以及精确度要求等方面，与最初的问题陈述形成呼应。为了具有说服力，我们的阐述需要有逻辑、分析及数据的支撑，并且迎合决策者的价值观。可以根据具体情况，使用不同的论述结构。

虽然我们是以线性的方式讲述七步法则的，但你最好将其视作一个迭代的过程，每一天、每个星期、解决问题的整个时期都要在头脑中循环这个过程（"今天我能做出的最佳推测是什么？"）。七步法则结构严谨，几乎所有问题都可以通过充分运用该法则得到创造性的解决。

致谢

本书作者在过去 30 年中，与来自商界、新兴企业、非营利组织及环保领域等社会各界负责问题解决的诸多同行交流思想，在交流过程中获益匪浅。当有善于批判的朋友检验你的想法时，你所提出的创造性解决问题的方式效果最佳，而我们恰恰拥有许多这样的朋友。在此，要提前向我们可能无意中忘记感谢的朋友致歉。

首先，我们必须要感谢的是亚当·德皮科特，他是一位新生代学者，最初是一名研究人员，在这两年中成长为我们真正的合作伙伴。亚当，我们发自内心地感谢你。

由于新冠感染疫情期间旅行受限，我们组建了一支线上团队，由来自悉尼大学优秀的年轻研究助理们组成，包括威尔·伯恩斯、罗西·亚当斯、泰马纳·肖特、奥利维亚·泰勒以及芬恩·巴尔。我们还要感谢来自悉尼大学圣安德鲁学院的威尔·切斯塔，感谢你不仅监督了我们的研究生，还为我们对于好奇心的思考做出了重大贡献。

许多读者及顾问给予了本书高度关注，我们尤其要感谢悉尼大学的丹·洛瓦洛教授、耶鲁大学的巴里·纳莱巴夫教授、曾于悉尼大学任教的萨利·克里普斯教授、诺贝尔奖获得者巴里·马歇尔、罗纳德·科恩爵士、彼得·法雷尔博士、艾丹·麦卡伦、埃里克·施密特、尼古拉斯·博古睿、伊冯和马林达·乔伊纳德、梅尔达德·巴格海、克里斯·布拉德利、瑞克·柯克兰、特德·哈尔、凯瑟琳·法格、唐·沃特斯、亚历克斯·菲舍尔、罗伯特·伍德教授、奈杰尔·普尔、凯瑟琳·利文斯通、艾莉森·沃特金斯、西沃恩·麦肯纳、邓肯·佩珀康以及里奇·吉尔摩。

一直以来，有关在不确定的条件下解决问题的思维方法，各个团体和各界人士的经验使我们收获颇丰，包括我们在麦肯锡的前同事（大卫·怀特、约翰·斯塔基、鲍达民以及其他许多人）、摩尔基金会及其受让人（艾琳·李、伊万·汤普森、迈克尔·韦伯斯特、皮克·瓦尔克、艾琳·多维钦、亚伦和朱莉娅·希尔、格雷格·诺克斯以及马克·比雷）、大自然保护协会（詹妮弗·莫里斯、玛丽安娜·克莱伯格、查克·库克、南希·麦金农、詹姆斯·菲茨西蒙斯以及马克·齐姆林）、巴塔哥尼亚（乔伊纳德家族、克里斯·汤普金斯、丹·埃米特、瑞安·盖勒特、阿雅娜·约翰逊、希拉里·德苏基、格雷格·柯蒂斯、珍娜·约翰逊、珍娜·威尔斯、马特·德怀尔以及其他许多人）、Monograph（弗雷德·科恩、特拉维斯·默多克、蒂姆·芬内尔、邦妮·范·威尔根堡以及团队其他成员），还有来自其他风投机构的人士（托马斯·雷顿、杰克·彼得斯、查理·林赛、迈克尔·邦盖·斯坦尼尔、安德鲁·内文、约翰·贝尔爵士、贾斯汀·斯泰宾教授、约翰·胡德爵士、杰西·格伦尼、保罗·夏皮罗、大卫·普赖尔勋爵、安德鲁·卡索伊以及杰森·斯科特）。

在新冠感染疫情期间，由阿德里安·麦肯齐和斯尔詹·丹古比克领导的 5V Capital 团队举办了一堂有关不完美主义的大师课，使我们受益匪浅。他们对 6 个思维方法的运用已经成为一种直觉反应，在课堂上，他们向我们展示了他们对第一类和第二类错误的理解。他们还在 Education Perfect 等投资组合公司开展实验，通过小规模举措探查风险，进而扩大行动规模，创造空间。Zetaris 创始人维奈·萨米埃尔的开源软件和集体智慧，让我们看到了站在别人肩膀上的机会。保罗·拉姆齐基金会的同事们，格林·戴维斯、格雷格·哈钦森、杰尼·瓦兰、陈珍妮、迈克尔·特雷尔以及克里斯蒂·缪尔教授，基于对体系变革的理解，采用不完美主义的方式，直面风险，策划了重量级的慈善举措。

澳大利亚北部的土著埃尔德·奥托·坎皮恩使我们了解了"正确点火"，开创了被我们称为"先人智慧"的集体智慧的新分支。我们见到了患有孤独症的少年艾登，他从神经多样性的角度为建造海藻森林的数字孪生贡献了巨大力量。

我们还要感谢在线学习平台 Go1 的朋友们，包括安德鲁·巴恩斯、卡梅伦·克里夫、菲尔·迪肯、克里斯托弗·乔安诺、伊丽莎·阿拉德等人，感谢你们促使我们对问题解决方法的教授方式进行更深入的思考。感谢蒂姆·麦克林为《所有问题，七步解决》这本书进行了成功的营销宣传，完成了数字出版各个方面的管理工作。

来自施密特科学奖学金、罗德奖学金、考夫曼创业奖学金、Rise 奖学金、世界经济论坛全球塑造者、罗氏、Klarna、Genesis

SA、牛津、哈佛、澳大利亚管理研究生院、孟买商学院、比拉理工学院等众多机构的听众和学生也是我们学习的对象。在其他机构讲授问题解决课程的朋友也提供了精辟的见解，包括美国南加州大学的安德鲁·奥吉尔维、东北大学的休·考特尼以及乔治敦大学的尼克·洛夫格罗夫。

我们热衷于图表，很荣幸地邀请到才华横溢的妮可·吉尔罗伊为本书绘制了图表。詹姆斯·德弗里斯协助完成了本书的排版和设计。宝拉·麦克林从编辑的角度为我们提供了巨大帮助，不断提醒我们要注意文字的简洁，把故事讲好。我们的编辑兼朋友大卫·施瓦茨和蒂莫西·迪克森帮助我们厘清思路，完善写作，在此向你们致以特别的感谢。

最后，衷心感谢比尔·法伦、普尔维·帕特尔、普拉德什·库马尔·钱德兰、斯泰西·里维拉，以及威利出版社的团队，他们始终是我们这本书优秀的合作伙伴。

谨以此书献给保罗·麦克林，罗伯特的孩子们——希瑟、金妮和蒂姆，还有卡米拉·博格，以及查尔斯的孩子们——汉娜、卡梅伦和亚历山大。

注释

引言　成为不完美主义者

1. L. Muehlhauser, "Three Wild Speculations From Amateur Quantitative Macrohistory," Blog post, September 12, 2017, accessed at https://Lukemuehlhauser.Com/Three–Wild–Speculations–From–Amateur–Quantitative–Macrohistory/.

2. "Zero to \$12bn: Tiktok Is Hitting Revenue Milestones Very Quickly," Chartr, June 29, 2022, accessed at https://www.chartr.co/stories/2022–06–29–2–tiktok–is–hitting–milestones–quickly.

第 1 章　对问题的方方面面始终保持好奇心

1. "The Idea of Instant Photography," Baker Library Historical Collections, Harvard Business School.

2. 和巴里·马歇尔教授的私人交流。

3. George Loewenstein, "The Psychology of Curiosity: A Review and Reinterpretation," *Psychological Bulletin* 116, no. 1 (1994): 75.

4. A. S. Honig, S. A. Miller, and E. B. Church, "Ages and Stages: How Curiosity Leads to Learning," *Early Childhood Today*, October 2006.

5. C. Kidd and B. Y. Hayden, "The Psychology and Neuroscience of Curiosity," *Neuron* 88, no. 3 (November 4, 2015): 449–460.

6. 同上。

7. B. D. Perry, "Why Young Children Are Curious," *Early Childhood Today* 17, no. 4 (2003): 26–27.

8. S. Grimes, "Walt Disney on Curiosity," *The 1000 Day MFA*, March 5, 2019. https://medium.com/the-1000-day-mfa/walt-disney-on-curiosity-215ab2769d0d.

9. F. Gino, "The Business Case for Curiosity," *Harvard Business Review*, September–October 2018.

10. J. D'Onfro, "The Truth About Google's Famous 20% Time Policy," *Business Insider*, April 17, 2015.

11. M. Violaris, "Einstein at the Patent Office," *The Oxford Scientist*, Michaelmas term issue, 2019.

12. P. Galison, "Einstein's Clocks: The Place of Time," *Critical Inquiry* 26, no. 2 (Winter 2000): 367.

13. 同上，377。

14. 同上。

15. A. Boutsko, "New Bach Discovery Raises Questions of

Burnout," *DW*, December27, 2013, https://www.dw.com/en/new-bach-discovery-raises-question-of-burn-out/a-17326653.

16. D. Herscovitch, "Decoding the Music Masterpieces: Bach's *Art of Fugue*," *The Conversation*, March 23, 2017, https://theconversation.com/decoding-the-music-masterpieces-bachs-the-art-of-fugue-73522.

17. "Did Bach Really Leave *Art of Fugue* Unfinished?" Pipedreams, American Public Media, 2022, https://pipedreams.publicradio.org/articles/artoffugue/unfinished.shtml.

18. R. Flanagan, *The Narrow Road to the Deep North* (New York: Vintage Books, 2013).

19. C. Sullivan, "Nasal Positive Airway Pressure and Sleep Apnea," *American Journal of Respiratory Critical Care Medicine* 198, no 5 (September 1, 2018): 581–587. 2022 年 1 月 6 日和彼得·法雷尔的私人交流。

20. 同上, 581。

21. 2022 年 3 月 10 日和埃里克·施密特的私人交流。

22. A. Vance, *Elon Musk: How the Billionaire CEO of Space X and Tesla Is Shaping Our Future* (London: Virgin Books, 2016).

23. 2022 年 5 月和罗伯特·伍德教授的私人交流。

24. D. Hamilton, *Cracking the Curiosity Code* (Columbus: Gatekeeper Press, 2019).

第 2 章　像蜻蜓一样多角度看问题

1. A. L. Oppenheim, *Ancient Mesopotamia: Portrait of a Dead Civilization*, revised edition (Chicago: University of Chicago Press, 1977).

2. 和罗纳德·科恩的私人交流。

3. 同上。

4. E. Disley, Chris Giacomantonio, Kristy Kruithof, and Megan Sim, "The Payment by Results Social Impact Bond Pilot at HMP Peterborough: Final Process Evaluation Report," RAND Europe, February 6, 2016.

5. 2021 年和罗纳德·科恩的私人交流。

6. P. E. Tetlock and D. Gardner, *Superforecasting: The Art and Science of Prediction* (New York: Random House, 2015), 124.

7. Ford Motor Company, "Ford Accelerating Transformation: Forming Distinct Auto Units to Scale EVs, Strengthen Operations, Unlock Value," Presentation, March 2, 2022.

8. E. de Bono, *Six Thinking Hats* (New York: Viking, 1986), 45.

9. 2021 年 11 月 30 日和克里斯·布拉德利的私人交流。

10. 2022 年 3 月 22 日和 Konvoy 公司创始人亚当·特里普－史密斯的私人交流。

11. R. Forshaw, "Orthodontics in Antiquity: Myth or Reality," British Dental Journal 221 (2016): 137–140.

12. 和凯尔西·沃思的私人交流。

13. http://peterfisk.com, February 17, 2020.

14. K. Booker, "WeFail: How the Doomed Masa Son–Adam Neumann Relationship Set WeWork on the Road to Disaster," *Fast Company*, November 15, 2019.

15. The We Company SEC S1. Accessed August 24, 2019. https://www.sec.gov/ Archives/edgar/data/1533523/00011931 2519220499/d781982ds1.htm.

16. H. Ford, *My Life and Work* (New York: Doubleday, 1922).

17. G. Grandin, *Fordlandia: The Rise and Fall of Henry Ford's Forgotten Jungle City* (New York: Metropolitan Books, 2009). 值得一提的是，亨利·福特二世也坚持只开黑色的车。D. Halberstam, *The Reckoning* (New York: Avon Books, 1986).

18. A. Selipsky, Bloomberg Television, November 2, 2021.

19. R. Miller, "How AWS Came to Be," *TechCrunch*, July 2, 2016, https://guce.techcrunch.com/copyConsent?sessionId=3_ cc–session_3c7ba777–d136–4581–9182–96e4322e7259 &lang=en–US.

20. 同上。

21. Harvard Innovation Labs, "Fireside Chat with Michael Skok and Andy Jassy: The History of Amazon Web Services," 2013. Retrieved from http://youtube/d2dyGDqrXLo.

22. "UW CSE Distinguished Lecture: Andy Jassy (AWS)," Paul Allen School [Video], 2017. Retrieved from http://www. youtube.com.watch?v=QVUqyOuNUB8&t=244s&ab-channnel=PaulGAllenSChool.

23. B. Black, "EC2 Origins" (blog post), January 25, 2009, https://blog.b3k.us/2009/01/25/ec2-origins.html.

24. N. Cubrilovic, "Almost Exclusive: Amazon Readies Utility Computing Service," *TechCrunch*, August 24, 2006. https://techcrunch.com/2006/08/24/exclusive-amazon-readies-utility-computing-service/.

25. Gartner, Market Share: IT Services, Worldwide 2020 [Dataset]/Global market share data for 2020, https://www.gartner.com/en/documents/4000294.

26. A. Alexander, *A Stranger Truth: Lessons in Love, Leadership and Courage from India's Sex Workers* (New Delhi: Juggernaut Publications, 2018).

27. D. Barton and G. Kumra, "Leading in the 21st Century," McKinsey & Company, December 4, 2013, www.mckinsey.com/business-functions/ strategy-and- corporate-finance/

our-insights/ leading-in- the-21st-century.

28. S. Parrish, *The Great Mental Models*, vol. 1 (Ottawa: Latticework Publishing, 2019).

29. 2022 年 2 月 21 日和劳伦斯·冯的私人交流。

30. I. Gerretsen, "The Remarkable Power of Australian Kelp," BBC Future Planet,April 14, 2021. https://www.bbc.com>future>article>20210406).

31. Interview with Aiden Soedjarwo, November 15, 2021.

32. J. McGlashan, J. Hayward, A. Brown, B. Owen, L. Millar, M. Johnstone, D.Creighton, and S. Allendar, "Comparing Complex Perspectives on Obesity Drivers: Action-Driven Communities and Evidence-Oriented Experts," *Obesity Science and Practice* 4, no. 6 (November 22, 2018): 575–581. doi: 10.1002/osp4.306. PMID: 30574350; PMCID: PMC6298210.

33. See, e.g., R. Dobbs, C. Sawers, F. Thompson, J. Manyika, J. Woetzel, P. Child, S. McKenna, and A. Spatharou, *Overcoming Obesity: An Initial Economic Analysis* (McKinsey Global Institute, November 2014).

第 3 章　关注当下行为，锲而不舍地实验

1. 和特德·哈尔、唐·沃特斯的私人对话。

2. H. A. Simon, *The Sciences of the Artificial* (Cambridge, MA: MIT Press, 1969).

3. S. Samuel, "When a California City Gave People a Guaranteed Income, They Worked More — Not Less," *Vox*, March 6, 2021.

4. B. Wodecki, "Human Error Causes 99% of Autonomous Vehicle Accidents: Study," *IoT World Today*, October 20, 2021.

5. H. Jones, "The Recent Large Reduction in Space Launch Cost," 48th International Conference on Environmental Systems, ICES–81,(1), 2018.

6. IDEO U, *Innovation in Orbit: Insights from NASA and Space X interview with Garrett Reisman*, podcast, 2020.

7. M. Sheetz, "Space X Caught the Nose Cone of Its Falcon Heavy Rocket for the First Time in the Net of a Boat," CNBC Online, June 25, 2019, https://www.cnbc.com/2019/06/25/spacex–caught–falcon–heavy–rocket–nose–cone–in–net–of–high–speed–boat.html.

8. W. Cobb, "How Space X Lowered Costs and Reduced Barriers to Space," *The Conversation*, March 1, 2019, http://www.theconversation.com.

9. H. Jones, "The Recent Large Reduction In Space Launch Cost," paper presented at the 48th International Conference

on Environmental Systems, National Aeronautics and Space Administration, Albuquerque, NM, 2018.

10. 和 Education Perfect 公司首席执行官亚历克斯·布尔克的私人交流。

11. U. Shamir and C. D. D. Howard, "An Analytic Approach to Scheduling Pipe Replacement," *Journal AWWA*, May 1, 1979, https://awwa.onlinelibrary.wiley.com/doi/epdf/10.1002/j.1551–8833.1979.tb04345.x?saml_referrer.

12. D. McCallum, "Advanced Pipe Sensing to Reduce Leaks and Breaks: Final Report," NSW Smart Sensing Network, December 2020, https://static1 .squarespace.com/static/5b623bcfda02bce646ae3f10/t/60753c149142e268f0acf321/1618295868172/NSSN+Advanced+Pipe+Sensing+Final+Report+–+Apr21.pdf.

13. J. Askim and T. BergstrÖm, "Between Lockdown and Calm Down. Comparing the COVID–19Responses of Norway and Sweden," *Local Government Studies* 48, no. 2 (2022): 291–311.

14. 同上。

15. H. Wang et al., "Estimating Excess Mortality Due to the COVID–19 Pandemic: A Systematic Analysis of COVID–19– Related Mortality, 2020–21. *The Lancet*, March 10, 2022. 与简单的死亡率相比，流行病学家更倾

向于使用相对于历史平均值计算出的超额死亡人数。因为当存在多种死因时，人们对死亡的归因往往存在差异。此外，某些政策的实施可能会直接或间接地导致一部分人死亡，但这些政策带来的其他方面的改变也使得另外一些原因导致的死亡减少了。（例如，在封锁期间高速公路上的死亡人数减少了。）

16. OECD *Country Economic Snapshot*, June 2022, https://www.oecd.org/about/secretary-general/oecd-secretary-general-mathias-cormann-launched-the-2022-oecd-economic-outlook-8-june-2022.htm.

17. S. Kessler, "Wendy's Is Responding to the Rising Minimum Wage by Replacing Humans with Robots," *Quartz*, March 3, 2017 (updated July 22, 2022), https://qz.com/923442/wendys-is-responding-to-the-rising-minimum-wage-by-replacing-humans-with-robots/.

18. D. Card and A. Krueger, "Minimum Wages and Employment: A Case Study of the Fast-Food Industry in New Jersey and Pennsylvania," *American Economic Review* 84, no. 4 (1994).

19. O. Ashenfelter, "Predicting the Quality and Prices of Bordeaux Wines," *The Economic Journal* 118 (2008): 174–184.

20. 同上。

21. J. Marland, "How Big Data Can Predict the Wine of the Century," *Forbes*, April 30, 2014.

22. E. de Boer, "Avoid Pilot Purgatory in 7 Steps," *McKinsey Organization Blog*, April 16, 2018.

23. J. A. List, *The Voltage Effect* (New York: Penguin, 2022).

第 4 章　从不同的领域中汲取想法

1. D. Sobel, *Longitude* (New York: Harper Perennial, 2008).

2. 同上，74。

3. P. E. Tetlock and D. Gardner, *Superforecasting: The Art and Science of Prediction* (New York: Crown Publishers/ Random House, 2015).

4. T.–C.Pham, C.–M.Luong, V.–D.Hoang, and A. Doucet, "AI Outperformed Every Dermatologist in Dermoscopic Melanoma Diagnosis," *Nature* 11, no. 1 (September 1, 2021): 17485.

5. K. Boudreau, N. Lacetera, and K. Lakhani, "Incentives and Problem Uncertainty in Innovation Contests.," *Management Science* 57, no. 5 (2011): 843–863.

6. "Joy's law," Wikipedia, http://en.wikipedia.org, accessed August 10, 2022.

7. "Charles Lindbergh," Wikipedia, http://en.wikipedia.org.

8. FAO State of World Fisheries and Aquaculture, 2020,

https://www.fao.org/ documents/card/en/c/ca9229en/.

9. The Nature Conservancy, Ocean Stories: "FishFace," http://natureaustralia.org.au–what–we–do/our–priorities/oceans/ocean–stories/fishface/, accessed August 12, 2022.

10. GitHub, http://github.com, accessed February 21, 2022.

11. 2022 年 1 月和大自然保护协会的马克·齐姆林的私人交流。

12. 2021 年 9 月和乔丹·于巴尔的私人交流。

13. 同上。

14. Apache Foundation, http://www.apache.org, accessed August 12, 2022.

15. Microsoft, "Microsoft to Acquire GitHub for $7.5 Billion," press release, June 4, 2018, https://news.microsoft.com/2018/06/04/microsoft–to–acquire–github–for–7–5–billion/.

16. *Homebrew Computer Club Newsletter* 2, no. 1 (January 31, 1976).

17. 2021 年 8 月和奥托·坎皮恩的私人交流。

18. G. Mulgan, *Big Mind: How Collective Intelligence Can Change Our World* (Princeton, NJ: Princeton University Press, 2018).

19. G. Gigerenzer, *How to Stay Smart in a Smart World: Why Human Intelligence Still Beats Algorithms* (New York: Random House, 2022).

20. C. Stadler, "3 Lessons Startups Can Learn from Quibi's Failure," *Forbes*, November 24, 2020, http://www.forbes.com.

21. J. Katzenberg, and M. Whitman, "An open letter to the employees, investors, and partners who believed in Quibi and made this business possible," *Medium*, October 21, 2020, https://quibi–hq. medium.com/an–open– letter–from–quibi–8af6b415377f.

22. Stadler, "3 Lessons Startups Can Learn."

23. L. Rosenberg, N. Pescettelli, and G. Willcox, G. (2018). "Artificial Swarm Intelligence vs Vegas Betting Markets," IEEE, September 1, 2018.

24. The AlphaCode Team, "Competitive programming with AlphaCode," *Deep Mind* (blog), February 2, 2022, https://www.deepmind.com>blog>competitive–programming–with–alpha–code.

25. S. Vesuvala and S. Brown, "AI and Machine–Learning Tools Can Enhance Strategic Planning," McKinsey & Company, *Strategy and Corporate Finance Podcast*, November 23, 2021, https://www.mckinsey.com/capabilities/strategy–and–corporate– finance/ our–insights/ improving–strategic–outcomes–with–advanced–analytics.

26. 和萨莎·维苏瓦拉的私人交流。

27. T. Rose, *Collective Illusions: Conformity, Complicity and the Science of Why We Make Bad Decisions* (New York: Hachette Books, 2022).

第 5 章　不完美主义

1. C. M. Christensen, R. Alton, C. Rising, and A. Waldeck, "The Big Idea: The New M&A Playbook," *Harvard Business Review*, March 2011. 当然，并非所有的并购都以失败告终。有些赌注既大胆又谨慎，比如摩根士丹利在 2020 年新冠感染疫情期间收购资管公司伊顿万斯（Eaton Vance）和美国互联网券商 E*Trade。这两次收购共花费 200 亿美元，高于其年终市值的 15%，为其母公司增添了关键资产和能力。

2. 巴里·纳莱巴夫提醒我们，人们认为拳击手乔·路易斯更早提出了同样的观点。B. Nalebuff, *Split the Pie: A Radical New Way to Negotiate* (New York: Harper, 2022).

3. D. Kahneman and A. Tversky, "Prospect Theory: An Analysis of Decision Under Risk," *Econometrica* 47, no. 2 (1979): 263–292.

4. D. Lovallo, T. Koller, R. Uhlanerand D. Kahneman, "Your Company Is Too Risk- Averse," *Harvard Business Review*, March–April 2020.

5. T. Koller, D. Lovallo, and Z. Williams, "Overcoming a Bias Against Risk," *McKinsey Quarterly*, August 1, 2012.

6. D. Lovallo, P. Viguerie, R. Uhlaner, and J. Horn, "Deals Without Delusions," *Harvard Business Review*, December 2007.

7. M. Baghai, S. Coley, D. White, C. Conn, and R. McLean, "Staircases to Growth," *McKinsey Quarterly*, November 1996.

8. N. Taleb, *The Black Swan: The Impact of the Highly Improbable* (New York: Random House, 2007).

9. A. Duke, *Thinking in Bets* (New York: Penguin, 2018).

10. P. Tetlock and D. Gardner, *Superforecasting: The Art and Science of Prediction* (New York: Crown, 2015).

11. CB Insights, "Everything You Need to Know about What Amazon Is Doing in Financial Services," August 2022.

12. A. Jassy, "Amazon 2021 Letter to Shareholders," April 14, 2022, https://www.aboutamazon.com/news/company–news/2021–letter– to– shareholders.

13. 由约翰·奥沙利文博士领导的、由 5 名 CSIRO 天体物理学家和无线电工程师组成的团队将多种技术结合在一起，实现了数据的高速无线传输，从而造就了如今为我们所熟知的无线网络。这项专利（专利号为 5483069）于 1993 年提交申请，1996 年获批，于 2013 年到期。

14. 和凯瑟琳·利文斯通的私人交流。

15. E. Dixon, *Sports Pro Insider Blog*, April 20, 2021.

16. J. Scott, *Athletic Business*, June 2020.

17. 和 AELTC 的首席财务官理查德·阿特金森的私人交流。

18. 同上。

19. M. Janda, *ABC News*, March 23, 2021.

20. 从技术上讲，Kymriah 是一种经过基因修饰的自体 T 细胞免疫疗法，一些观察人士将其称为细胞疗法，因为基因改造是在患者体外进行的。

21. D. Thomas, D. Chancellor, A. Micklus, et al., *Clinical Development Success Rates and Contributing Factors 2011–2020* (UK: BIO, Informa, and QLS, 2021).

22. K. Snider, "Four Phases of Clinical Research Studies," UCB, October 1, 2018, https://www.ucb–usa.com/stories-media/UCB–U–S–News/detail/article/Four–Phases–of–Clinical–Research–Studies.

23. Thomas et al., *Clinical Development Success Rates*.

24. C. H. Wong, K. W. Siah, and A. W. Lo, "Estimation of Clinical Trial Success Rates and Related Parameters," *Biostatistics* 20, no. 2 (2019): 273–286.

25. Thomas et al., *Clinical Development Success Rates*.

26. D. Nguyen, "A Tale of Two Cities: The Battle for Kymriah," LinkedIn, November 26, 2017, https://www.linkedin.com/

pulse/tale–two– cities– battle– kymriah– deborah– nguyen/.

27. 人们可能会认为，Kymriah 在治疗癌症方面的显著成果会为诺华公司带来巨额收入。然而，在 2018 年第一季度，该疗法仅产生了 1 200 万美元的收入，约为分析师预期的 1/4。Kymriah 最初被批准用于治疗患有急性淋巴细胞白血病的儿童，而每年新增的患有这种疾病的儿童人数不足 5 000。Kymriah 针对的只是其中 30% 对常规治疗（如化疗、免疫疗法和骨髓移植）无反应的患者，而且它非常昂贵，选择它的每位患者要花费 47.5 万美元。在 2020 年的最后一个季度，Kymriah 的销售额增长到 1.41 亿美元，但它仍未进入诺华公司的前 20 名药品行列。J. Carroll, "5 years later, CAR–T pioneer Kymriah offers jaw–dropping evidence of durable remissions — even as it still proves a tough sell," *Endpoints News*, February 18, 2021, https://endpts. com/5–years– later–car–t–pioneer–kymriah– offers– jaw– dropping– evidence– of– durable–remissions– even– as– it– still– proves– a– tough– sell/.

28. H. Jung, A. Engelberg, and A. Kesselheim, "Do large pharma companies provide drug development innovation? Our analysis says no," *STAT*, December 10, 2019, https://www.statnews.com/2019/12/10/large–pharma–companies– provide–little–new–drug–development–innovation/#Table1.

29. Duke, *Thinking in Bets*.

第6章　理性展示，感性讲述

1. B. Marshall, "Curiosity Driven Research," Speech, University of Western Australia, 2015.

2. B. Marshall, "Helicobacter Connections," Nobel Lecture, December 8, 2005.

3. 有一种简单的呼气测试，即尿素呼气试验，如今被广泛用于检测人体内是否有幽门螺杆菌。

4. 2021 年 6 月 1 日和巴里·马歇尔教授的私人交流。

5. E. Schmidt, "Google CEO Compares Data Across Millennia," *The Atlantic*, July 3, 2010. 2022 年产生的数据比 2010 年多得多。

6. 有一个精彩的经济学例子，见 D. M. Grether and C. R. Plott, "Economic Theory of Choice and the Preference Reversal Phenomenon," *The American Economic Review* 69, no. 4 (1979): 623–638, http://www.jstor.org/ stable/1808708。

7. T. Kuhn, *The Structure of Scientific Revolutions* (Chicago: University of Chicago Press, 1962).

8. E. Kopf, (1978). "Florence Nightingale as a Statistician," *Research in Nursing and Health* 1, no. 3 (1978): 93–102.

9. 同上。

10. H. Martineau, *England and Her Soldiers* (Cambridge, UK: Cambridge University Press, 1859).

11. T. Harford, *The Data Detective* (New York: Riverhead Books, 2021).

12. Edward Tufte, *The Visual Display of Quantitative Information* (Cheshire, CT: Graphics Press, 1983). 我们最初在这本书中见到了这幅图表，这是关于这一迷人视觉领域的经典著作。我们在维基共享资源（https://commons.wikimedia.org/wiki/File:Minard.png）上获取了该图像。

13. 和澳大利亚大自然保护协会的里奇·吉尔摩和克里斯·吉利斯博士的私人交流。

14. J. Gribbin and M. Gribbin, *Richard Feynman: A Life in Science* (New York: Viking, 1997).

15. 同上。

16. Presidential Commission on the Space Shuttle Challenger Accident (1986). Chapter IV, "The Cause of the Accident," June 1986.

17. 2022年9月29日和唐·沃特斯的私人交流。

18. Interview, "Ted Hall Robs a Bank," *Journal of Problem Solving*, 2011.

19. G. Lakoff, *Don't Think of An Elephant, Know Your Values* (White River Junction, VT: Chelsea Green Publishing, 2004).

20. J. Haidt, *The Righteous Mind* (New York: Penguin, 2012).
21. K. Hayhoe, *Saving Us: A Climate Scientist's Case for Hope and healing in a Divided World* (New York: One Signal Publishers, 2021).
22. L. Chen, "Persuasion in Chinese Culture: A Glimpse of the Ancient Practice in Contrast to the West," *Intercultural Communication Studies* XIV: 1 (2005).
23. M. Zakaras, "From Coal to Clean Energy: Welcome to the New Appalachian Economy," *Forbes*, May 26, 2022.

第 7 章　结语：任何战略都是一场赌博

1. B. Pascal, *Pensées* (New York: Penguin, 1995), 229.
2. 我们的朋友巴里·纳莱巴夫教授让我们想起了诺贝尔获得主尼尔斯·玻尔的一个类似的赌注，但这个赌注的收益不对称性没那么强。据说有一次一位访客来到玻尔教授家，看到门口上方挂着一个马蹄铁，于是难以置信地问玻尔教授是否相信马蹄铁能带来好运。"不，"玻尔回答说，"但我相信它们甚至能给不相信它们的人带来好运。"
3. A. Duke, *Thinking in Bets* (New York: Penguin, 2018).
4. H. Simon, *Models of Man* (New York: Wiley, 1957).
5. Jeff Bezos, "Annual Letter to Shareholders," Amazon, 2015.

6. "The Story of One of the Most Memorable Marketing Blunders Ever: The History of New Coke," Coca-Cola Company, 2022, www.coca-colacompany. com/company/history (accessed July 3, 2022).

7. D. Lovallo, T. Koller, R. Uhlaner, and D. Kahneman, "Your Company Is Too Risk-Averse," *Harvard Business Review*, March–April 2020.

8. N. Taleb, *The Black Swan: The Impact of the Highly Improbable* (New York: Random House, 2007).

9. D. Kahneman and D. Lovallo, "Timid Choices and Bold Forecasts: A Cognitive Perspective on Risk Taking," *Management Science* 39, no.1 (1993): 17–31.

10. J. Kay, and M. King, *Radical Uncertainty* (New York: W.W. Norton, 2020).

11. B. Obama, *A Promised Land* (New York: Penguin Books, 2020).

12. E. Angner, "Epistemic Humility — Knowing Your Limits in a Pandemic," *Behavioral Scientist*, April 13, 2020.

13. H. Courtney, J. Kirkland, and S. P. Viguerie, "Strategy Under Uncertainty," *McKinsey Quarterly*, June 1, 2000.